STÖCKSKESPITTER

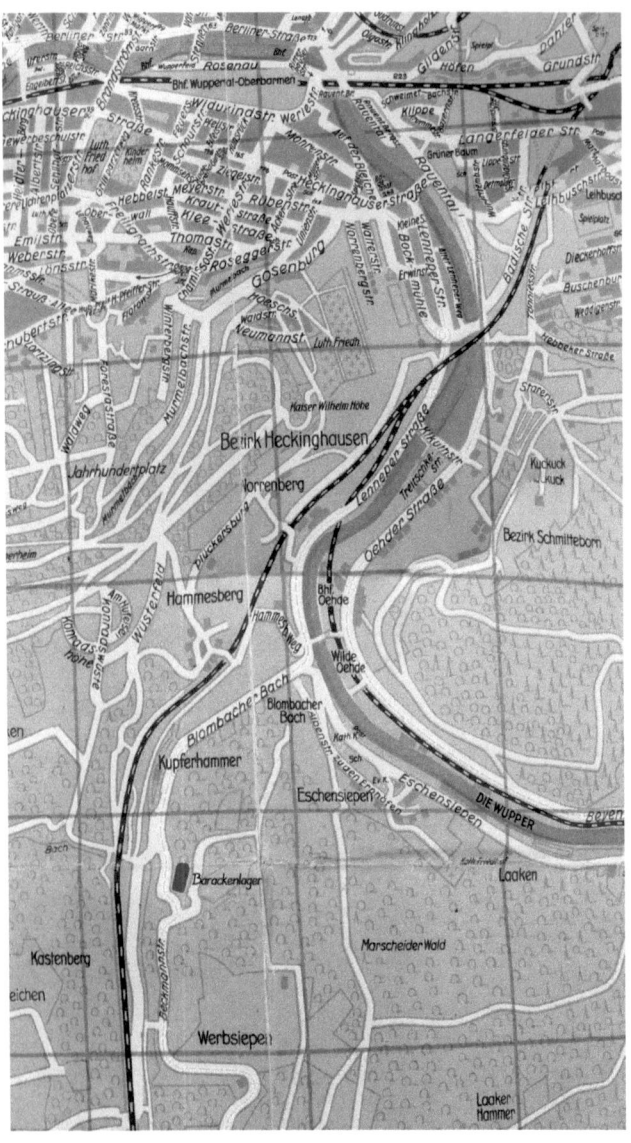

Der Weg vom Bahnhof Oberbarmen zum Barackenlager

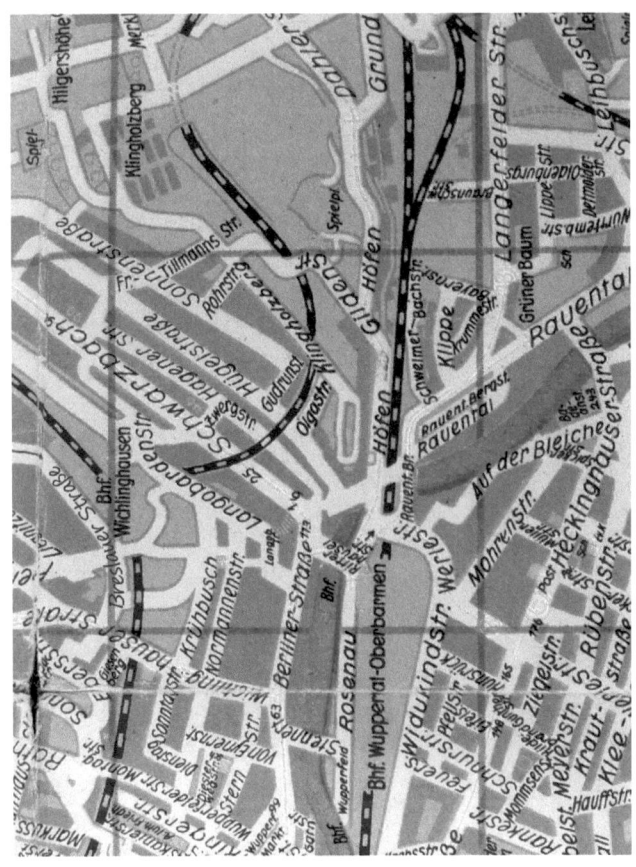

Der Höfen und Umgebung

Peter Schnell bei BoD:
„Gedankenstrich - zwischen Karriere und Ruhestand", 2007
„Ameisen mögen keinen Fisch", Roman, 2011

Peter Schnell

STÖCKSKESPITTER

© 2015 Peter Schnell, Pfungstadt
www.peter-schnell.de
2. Auflage 2019

Umschlaggestaltung, Satz und Layout:
Inside-Layout, Schwäbisch Hall

Ausschnitte aus einem Stadtplan von Wuppertal aus dem
Jahr 1948 mit Genehmigung der J.H. Born GmbH Bornverlag
Wuppertal

Herstellung und Verlag:
BoD – Books on Demand, Norderstedt
ISBN 978-3-749483501

für Ronja, Feli und Junis

Inhalt

Vorwort   11
Vorwort zur zweiten Auflage   13
1947   15
Die Ankunft   17
Stöckskespitter   20
Feuer, Feuer!   24
Fringsen   26
Im Höfen   28
Dämmerstunden   32
Der Suchdienst vom Roten Kreuz   35
In dulci jubilo   37
1948   43
Handwerker im Haus   45
Hamstern bei Bauern und Verwandten   46
Der Abenteuerspielplatz Ruine   48
Collie, Eckstein und Overstolz   51
Ich wurde ein i-Dötzken   54
Die Maikäferplage   61
Christi Himmelfahrt in Beyenburg   62
Die Puddingschüsseln   65
Der alte Haarhaus   68
Gottesdienst und Christenlehre   70
Die Währungsreform   73
Mäten es en goden Mann   77
Der Traum vom brennenden Hund   80
Weihnachten und der Totschläger   81
1949   87
Wir fuhren Kette   89
Osterferien   91
Lederhose und Schuheisen   94
Im Geschwindigkeitsrausch   96
Mein Schwimmunterricht   99
Die Heimatkunde   101

Erotische Abenteuer   104
Der schlimme Fassadenparkour   106
Die Prügelstrafe   108
Seltener Streit   111
Der geheiligte Sonntag   113
Die Grippe   116
Ich wollte Ritter werden   117
Mecki   120
Sedan   122
Die Röntgenreihenuntersuchung   124
Die Bundesrepublik Deutschland   126
Wir ließen Drachen steigen   127
Die Misshandlungen im Hinterhaus   128
Der Advent   129
1950   131
Omma und Oppa   133
Meine Erstkommunion   136
Papas Geschäftswagen   144
Besuch in einem Wupperkotten   146
Ich wollte Förster werden   148
Tuffi   149
Der Pflaumenstein und seine Folgen   150
Das große Aufräumen in Oberbarmen   158
Schalksmühle   160
Der Straßenverkehr wuchs   162
Nick Knatterton   165
Der Waschtag   167
1951   169
Frohsinn: Wer soll das bezahlen?   171
Spannungen in der Schule   173
Die Rheinwanderung   175
1952   179
Papa ging zur Bahn   181
Auf dem Gymnasium   182
Schinkenhäger   183
Urlaub am Bodensee und Abschied von Oberbarmen   184
Dank   186

Vorwort

Im August 1947 stieg ich als Sechsjähriger zusammen mit meinem Bruder, der drei Jahre älter ist als ich, immer dicht an unsere Mutter gedrängt aus einem völlig überfüllten Zug, der aus Magdeburg kam und uns in Wuppertal-Oberbarmen absetzte. Wir sind da! Nehmt eure Sachen, wir steigen aus, sagte unsere Mutter. Ich war misstrauisch, denn die vergangenen zwei Jahre hatten wenig Gutes für mich bereitgehalten: Der Wegzug aus dem Erzgebirge, das wenig erfreuliche Jahr, das wir bei meinen Großeltern in Lauchhammer in der Niederlausitz verbracht hatten, das Verstecken vor den Russen bei unserer Ausreise in den Westen, die eher einer Flucht glich, und die zerbombten und verkohlten Städte und Bahnhöfe, die wir unterwegs sahen. Und nun landeten wir in dem vom Bombenhagel gezeichneten Wuppertal-Oberbarmen, betraten den stark beschädigten Bahnhof und starrten auf das zerstörte Postgebäude nebenan mit den verkohlten Wänden und den leeren Fensterhöhlen. Warum sollte mir ausgerechnet hier in diesem kaputten Stadtviertel Gutes widerfahren? Hier sollten wir ,da sein'? Obwohl ich nichts begriff, denn im Erzgebirge war der Krieg fast an uns vorbeigezogen, spürte ich, dass die Welt, die wir in den vergangenen Tagen durchschritten und durchfahren hatten, nicht gut war, dass die Umgebung, die wir gerade durchschritten, nicht gut war und es war für mich klar, dass das, was wir noch durchschreiten würden, auch nicht gut sein konnte. Damit die scheußlichen Eindrücke nicht zu tief in mein Herz eindringen konnten, flüchtete ich in Gedanken in die vergangene heile Welt, die ich noch kannte, und träumte von Schlettau im Erzgebirge, wo ich meine ersten Lebensjahre verbrachte, von unserem kleinen Häuschen dort, von dem vielen Schnee im Winter, von der ländlichen Idylle, den Weihnachtsbergen, Schwibbögen, Räuchermännchen und den vielen Kerzen zur Weihnachtszeit ...

Ich weiß, dass ich mich heute nicht objektiv in die damalige Situation hineindenken kann, weil ich heute, nachdem das alles vorbei ist, nicht mehr der bin, der ich damals war, als ich das alles erlebte, und ich heute in einer völlig anderen Welt lebe als in jenen Jahren und weiß, dass das Umfeld auch das eigene Denken beeinflusst. Und so kann ich nicht berichten, wie es objektiv war, sondern wie ich meine, es empfunden zu haben. Dennoch will ich versuchen, die Dinge, an die ich mich erinnern kann, zu schildern, weil sie zusammenhängend ein doch recht anschauliches Bild meiner Kindheit nach dem Kriege in einer zerbombten Großstadt ergeben.

Der Bahnhof Wuppertal-Oberbarmen Ende der 40er Jahre

Vorwort zur zweiten Auflage

Nachdem die erste Auflage 2015 erschienen war, fielen mir weitere Geschichten ein, die zum Bild der ausgehenden 40er Jahre einfach dazugehören. Ich wunderte mich im Nachhinein, warum mir diese Geschichten nicht schon früher eingefallen waren. Aber das Gehirn ist kompliziert. Es schüttete nach Veröffentlichung der ersten Auflage über einen längeren Zeitraum verstreut eine Begebenheit nach der anderen aus, ganz unverhofft bei Tag oder bei Nacht. Als schließlich die Quelle der Erinnerungen versiegte, beschloss ich, diese gesammelten nicht minder wichtigen Ereignisse in einer zweiten Auflage zu verarbeiten.

Bei dieser Gelegenheit beschloss ich auch, einige Fotografien einzubauen, die meine Geschwister und ich nach dem Tod meiner Mutter in den Alben meiner Eltern entdeckten. Dabei stellten wir fest, dass einige Begebenheiten zeitlich nicht ganz korrekt waren. So kündigte zum Beispiel mein Vater beim Bauunternehmer in Barmen erst 1952 und unsere Rheinwanderung fand nicht 1949 sondern 1951 statt. Neu geordnet wurden auch andere Geschichten.

Auch wenn diese Korrekturen den Gesamteindruck jener Jahre nicht verändern, so ist die zweite Auflage doch näher an die Realität herangerückt.

1947

... In wieviel Not
hat nicht der gnädige Gott
über dir Flügel gebreitet.

Die Ankunft

Auf dem Bahnhofsvorplatz von Wuppertal-Oberbarmen empfing uns eine brüllende Hitze. Wir hatten unsere Wintermäntel
an, weil sie außer am eigenen Leib nirgends Platz gehabt hätten, und wir schwitzten erbärmlich. Papa wollte uns doch ab-
holen, nörgelte ich. Es war aber kein Papa zu sehen. Ich muss
erst mit Papa telefonieren, sagte meine Mutter. Also suchten
wir die Post, die ganz sicher nicht mehr in der ausgebrannten
Ruine zu finden war. Mama fragte sich durch und fand sie in
der Nähe in einer Baracke. Mein Bruder und ich passten auf das
Gepäck auf, während Mama telefonierte.
Papa war schon vor einem Jahr nach Wuppertal gekommen,
weil unsere Familie sich dort, wo die gesamte Verwandtschaft
meiner Mutter wohnte, eine neue Existenz aufbauen wollte.
Mein Urgroßvater mütterlicherseits hatte neun Kinder, vier
Söhne und fünf Töchter, die alle - einschließlich der meis-
ten Nachkommen - in Barmen, Oberbarmen, Heckinghausen,
Blombacherbach, Laaken und Beyenburg verstreut wohnten.
Diese große Verwandtschaft war in den Nachkriegsjahren unser Rückhalt. Sie hielt zusammen und jeder half jedem. Der
Zwillingsbruder meines Großvaters und seine Schwester waren
früh gestorben, sodass von seiner Verwandtschaft nur noch
sein Schwager und jeweils die Nachkommen in Barmen lebten.
Mein Vater hatte als Bauingenieur auch gleich bei einem Bauunternehmer Arbeit gefunden. Er hatte für die Nachkriegszeit
den idealen Beruf, denn Bauleute waren für den Wiederaufbau
gefragte Menschen. Meine Mutter ist in Barmen auf dem Rott
geboren und hatte ihre Kindheit auch dort verbracht, bevor
unser Opa als Former und Gießer nach Lauchhammer in der
Niederlausitz wechselte.
Papa wird bald dort drüben über die Werlebrücke kommen, er-

klärte sie uns, als sie vom Telefonieren zurückkam und deutete mit dem Finger auf eine stählerne Fachwerkbrücke hoch über den Gleisen. Wir warteten geduldig in der Hitze in unseren Wintermänteln, immer wieder die Fachwerkbrücke beobachtend. Ich quengelte. Ich weiß nicht mehr, wer ihn zuerst sah, mein Bruder oder ich. Wir schrien beide: Da kommt Papa! Mein Bruder und ich ließen das Gepäck stehen und stürmten einfach los, ohne Rücksicht auf unsere Mutter und auf unser Hab und Gut. Mir fiel ein Stein vom Herzen, ich war seit ewigen Zeiten wieder glücklich. Vielleicht wird ja nun doch alles gut, sagte ich mir. Die Hoffnung stirbt zuletzt, wenn gar nichts mehr geht. Aber hier ging wieder etwas. Wir waren alle wieder beieinander, nach so langer Zeit. Wir rannten unseren Vater fast um, umarmten ihn und er uns und gingen mit ihm zurück zu unserer Mutter, die mit Tränen in den Augen unseren Vater, ihren Mann, in die Arme schloss. Von all dem, was sich meine Eltern zu erzählen hatten, weiß ich nichts mehr. Mich hatte das sicher auch nicht interessiert, ich war damit zufrieden, dass unser Papa wieder bei uns war. Und so marschierte ich mit meinen Eltern und meinem Bruder Richtung Lüttringhausen, zunächst der Wupper entlang, durch Rauental, entlang an roten Ziegelwänden vieler Industriebetriebe, über die Wupperbrücke hinüber auf die Lenneper Straße, die nicht aufhören wollte, nach Blombacher Bach, wo uns schon an der Kreuzung Blombacher Bach - Eschensiepen Onkel Hermann, ein Bruder unserer Oma, freudestrahlend entgegen kam. Mit ihm bogen wir gleich in die Straße Zu den Erbhöfen ein, wo er wohnte und wo Tante Mariechen, seine Frau, schon auf uns wartete. Onkel Hermann, ein geselliger Mensch, und Tante Mariechen, eine herzensgute Frau, hatte der Krieg einsam gemacht. Ihr jüngster Sohn war gefallen und der ältere befand sich in Kriegsgefangenschaft. Wenigstens war ihre Wohnung beim Bombenangriff auf Wuppertal nicht zerstört worden. Ich weiß nicht mehr, was wir bei diesem unserem ersten Besuch bei Onkel und Tante gegessen hatten, wahrscheinlich Waffeln mit Milchreis, eine bergische Spezialität, wie bei allen späteren Besuchen auch. Dass wir reichlich versorgt wurden, war bei den beiden Ehrensache.

Nach dem Besuch bei Onkel Hermann und Tante Mariechen wanderten wir weiter Richtung neue Heimat. Es ging auf der Landstraße Blombacher Bach ständig bergauf, an einer Stahlwarenfabrik, an den Orten Hammesberg und Kupferhammer vorbei bis Werbsiepen, bevor sich die Straße in einer scharfen Linkskurve und anschließend in einer Haarnadel-Rechtskurve weiter Richtung Lüttringhausen schlängelte. In Werbsiepen bogen wir links ab, in einen stillgelegten Steinbruch hinein. Dort standen aneinander gereiht rechts und links bis zu einer Felswand am Ende des Platzes viele Baracken und in einem von diesen provisorischen Häuschen wohnten Onkel Michel und Tante Anna, eine Schwester unserer Oma, die uns schon erwarteten. Sie besaßen, wie alle Familien im Barackenlager, eine Wohnung mit zwei Zimmern und nahmen uns, eine vierköpfige Familie, noch bei sich auf! Onkel Michel, weit in die siebzig Jahre alt, war ein freundlicher, aber meist ernster Mann und Tante Anna eine liebenswürdige Frau. Sie hatten ihre beiden Söhne im Krieg verloren und beim großen Bombenhagel auf Wuppertal wurden Onkel Michel und Tante Anna auch noch ausgebombt. Sie besaßen absolut nichts mehr, nur noch sich beide und wollten wenigstens vor dem Herrgott nicht mit leeren Händen dastehen. Sie lebten die christliche Nächstenliebe für uns Verwandte und für die Menschen im Barackenlager. Sie teilten alles mit uns, ihr Bett war ihre einzige Privatsphäre. Sie trugen ihren Schmerz nicht nach außen, ich habe ihn nie wahrgenommen, solange ich im Barackenlager bei ihnen gewohnt habe. Obwohl ich damals ihr trauriges Schicksal nur durch eine unscharfe kindliche Brille betrachtete, weil ich es emotional noch nicht nachvollziehen konnte, wäre mir nie in den Sinn gekommen, zu Tante Anna und Onkel Michel ein böses Wort zu sagen.

Zunächst hatten mein Bruder und ich nach der langen Zugfahrt und der ewig langen Wanderung verständlicherweise ganz andere Empfindungen: Wir waren froh, dass es einen Tisch, vier Hocker und ein Bett zum Schlafen gab und im Augenblick war uns das Bett zum Schlafen das Allerwichtigste.

Stöckskespitter

Unser Barackenlager war wie ein kleines Dorf ohne Kirche und Geschäfte, ein reines Wohndorf. Die Baracken standen zu beiden Seiten des Steinbruchgrundes, die einen am Rande der mit Bäumchen bewachsenen Böschung zur Straße hin, die anderen gegenüber an einer Felswand, die zum Ende hin immer höher wurde. In der Mitte des Platzes hatten die Dorfbewohner einen Garten angelegt, wo die Frauen Gemüse und Salat und die Männer Tabak anpflanzten. Auf mich wirkte diese Siedlung sehr heimelig. Jeder schien jeden bestens zu kennen. In den ersten Tagen im neuen Heim erkundeten wir Kinder erst einmal das Dorf und die Kinder des Dorfes. Es gab nicht viele Kinder. Ich erinnere mich hauptsächlich an Kika, die sehr lebhaft war und die mich von nun an mütterlich umsorgte, obwohl sie nicht älter war als ich. Es gab auch noch ältere Kinder im Dorf, die aber mit uns nicht spielten, weil wir denen zu klein und zu blöd waren. In der Nähe des Lagereingangs befand sich ein Brunnen. Wenn die Dorfbewohner Wasser brauchten, legten sie sich ein Schulterholz um Hals und Schulter, an dessen beiden Enden Ketten mit Eimern hingen. Am Brunnen wurden die Eimer nacheinander in den Brunnen hinabgelassen und mit Wasser gefüllt wieder heraufgezogen, an das Schulterholz gehängt und ins Dorf getragen.

Nach wenigen Tagen hatten wir uns im Barackendorf eingelebt. Wir wurden gut aufgenommen und jeder Erwachsene fühlte sich auch für uns Kinder verantwortlich. Es war erstaunlich, wie friedfertig das Leben im Dorf war. Die Menschen, die dort wohnten, hatten alle Schlimmes erlebt. Sie waren entweder ausgebombt, auf der Flucht gewesen und viele hatten wie Tante Anna und Onkel Michel Angehörige verloren. Aber ich hatte nie das Gefühl, dass jemand für sich einen Vorteil auf Kosten anderer suchte. Vielleicht war nach alledem, was die Menschen erlebt und durchlebt hatten, die Sehnsucht nach Ruhe und Frieden so groß, dass sie diesen Frieden leben wollten.

Wir Kinder gingen oft zusammen in den Wald spielen, bauten aus Ästen und Laub Hütten, wohnten darin und beobachteten alles, was krabbelte, kroch oder flog. Auch suchte ich mir immer einen Stock, bearbeitete ihn gerne mit einem Messer, das mir die Spielkameraden ausliehen, schnitzte mir schöne Muster in die Rinde und ging mit meiner Errungenschaft im Dorf spazieren. Eigentlich hatte ich fast immer einen Stock bei mir, so dass mich ein älterer Mann von der Barackenreihe gegenüber „Stöckskespitter" nannte. Kaum hatte sich der Spitzname herumgesprochen, riefen alle Kinder „Stöckskespitter, Stöckskespitter" hinter mir her. Aber da ich ein ziemlicher ,Dickkopp' war, beeindruckte mich das überhaupt nicht. Ich stand zu meinem Stock, mochten die anderen doch rufen, was sie wollten. Dieser Stock regte meine Fantasie an, ich fühlte mich stark und gut bewaffnet, obwohl mich niemand bedrohte.

Bei Kika war ich gut aufgehoben. Sie brachte mir alles Mögliche und Unmögliche bei, von dem sie meinte, dass ich es unbedingt wissen sollte. So gab sie sich alle Mühe, mir in den ersten Wochen meines Barackenlagerlebens die Kunst des Schuhezubindens beizubringen. Mir war ihre Hilfsbereitschaft manchmal lästig, denn es war doch viel bequemer, sich die Schuhe von Mama zubinden zu lassen. Aber Kika war energisch. Was sie sich in den Kopf gesetzt hatte, musste auch durchgezogen werden, so dass ich, ob ich wollte oder nicht, lernen musste, wie man einen Knoten und eine Schleife bindet und das auch noch unmittelbar hintereinander. Erstaunlich war, dass ich mir das alles gefallen ließ. Es lag sicher daran, dass sie trotz ihrer eisernen Zielstrebigkeit sehr liebevoll war. Ihre Charmeoffensive war mir offensichtlich den Schweiß harter Arbeit wert. Also übte ich und übte und meine Lehrerin Kika war erst zufrieden, als ich in der Abschlussprüfung vor ihren Augen meine Schuhe ganz allein zubinden konnte.

Wenn es Abend wurde und draußen etwas kühler als in den von der sengenden Sonne aufgeheizten Baracken, saßen und standen die Erwachsenen häufig vor ihren Türen zusammen und erzählten sich Geschichten und wir Kinder hörten ihnen aufmerksam zu. Die Männer rauchten dabei ihre selbst hergestellten Zigaretten. Auch mein Vater rauchte Zigaretten und ich hatte ihm oft zugeschaut, wie er die getrockneten Tabakblätter zusammenfaltete und zusammenrollte und mit einem selbstgebastelten Rasierklingenschneidegerät in feinste Streifen schnitt, diese in Zigarettenpapier einwickelte und stopfte. Jeder Mann im Lager hatte für die Zigarettenherstellung seine eigene Technik entwickelt. Das was die Menschen im Barackendorf im Krieg und danach erlebt hatten, gab Stoff genug, um Abend für Abend zu erzählen. Ich hatte das Gefühl, dass die Menschen das alles erzählen mussten. Vielleicht wollten sie sich auch ihren Kummer einfach vom Leib reden. Was sie erzählten, habe ich nicht alles verstanden, aber es war für mich sehr kurzweilig und allemal besser, als sich ‚zu Hause‘ in der Baracke zu langweilen. Und sie erzählten, bis es dunkel wurde. Dann rief uns Mama ins Haus, weil wir zu Abend essen und dann ins Bett mussten. Die Bewohner nutzten auch die Zusammenkünfte, um sich gegenseitig zu informieren, wo es was zu kaufen gäbe oder wo man sich was ‚beschaffen‘ könne. Solche Neuigkeiten gingen auch tagsüber wie ein Lauffeuer im Barackendorf um.

Unterhalb des Steinbruchs, wenige hundert Meter die Straße hinunter, konnten sich die Bewohner des Barackenlagers in einer Bäckerei und einem Lädchen mit dem Lebensnotwendigsten eindecken, wenn es überhaupt etwas gab. Meistens bekamen wir nur gelbes Maisbrot auf Lebensmittelkarten. Ich erinnere mich noch genau, dass es dort häufig muffig roch. Muffiges Brot war für mich das Abscheulichste, was wir essen mussten und ich habe den Geruch noch heute in der Nase. Das wenige Brot, das wir bekamen, wurde von unserer Mutter für uns vier Personen und zwei Mahlzeiten pro Tag eingeteilt. Den Belag darauf zelebrierte sie vor unser aller Augen. Sie nahm eine Scheibe Brot, bestrich sie dünn mit Margarine, hielt die Scheibe schräg und ließ von einem Löffel Zucker über die Brotscheibe rieseln. Das was hängenblieb war dann unser Brotbelag. Vom Garten in der Mitte des Lagers gab es immer

mal wieder Gemüse und vom Hamstern ganz kleine Kartöffel-
chen, die Mama in der Pfanne zu ,Pellemännekes' briet. Mit
dem Zweitberuf ,Hamsterer' besorgten sich meine Eltern und
die anderen Dorfbewohner das Allerwichtigste, was man zum
Überleben brauchte, weil es in den Geschäften häufig nichts
gab, nicht einmal muffiges Brot. Da nützten auch die Lebensmittelkarten nichts. Meine Eltern packten gehäkelte Deckchen,
Litzen, Bänder, die in Barmen hergestellt wurden, in den Ruck-
sack und fuhren in völlig überfüllten Zügen aufs Land. Die
Menschen saßen dicht gedrängt oder standen außen auf den
Trittbrettern, lagen sogar auf den Dächern oder balancierten
in ihrer Verzweiflung auf den Puffern der Waggons. Meistens
ging Mama während der Woche mit Onkel Willi zusammen
hamstern, weil Papa arbeiten musste. Sie zogen von Bauernhof
zu Bauernhof und erwarben und erbettelten dafür hauptsächlich Eier, Kartoffeln und Gemüse. Die Bauern hatten bei den
Hamsterern einen schlechten Ruf. Meine Eltern schimpften
über sie, weil sie einen längeren Arm als die Städter hatten,
viel nahmen und wenig gaben. Ich war klug genug, meinen
Eltern zu erklären, dass ich trotz des schlechten Rufes dieser
Berufsgruppe einmal Bauer werden möchte, denn der saß offensichtlich an der Quelle und hatte alles, was man zum Leben
brauchte.

Feuer, Feuer!

Der Sommer 1947 war extrem heiß und das Land ausgedörrt, weil es wochenlang nicht geregnet hatte. In den Baracken staute sich tagsüber die heiße Luft und wer konnte, floh ins Freie und dort in den Schatten. Graugrün waren die Baumkronen der Nadelbäume und braungrün die der Laubbäume. Die Beeren vertrockneten an den Sträuchern und die Böden waren staubig und die Luft flimmerte in der Mittagshitze. Und dann passierte das, was alle Menschen erstarren lässt: Ein Dorfbewohner kam ins Dorf gestürzt und schrie Feuer, Feuer, der Wald Richtung Lüttringhausen brennt! Wir Kinder sahen schon am Himmel den Rauch aufsteigen und liefen, was unsere Beine hergaben, um zu sehen was man nicht alle Tage sieht. Wir ahnten das Außergewöhnliche, die Abwechslung im Barackenlagerleben. Als wir am brennenden Wald ankamen, standen die vorderen Bäume bereits in Flammen. Das Feuer züngelte an den Stämmen empor und fraß sich durch das dürre Gras und das trockene Reisig auf dem ausgedörrten Boden immer weiter in den Wald hinein. Überall knackte und knisterte es im brennenden Wald und ein beißender und stinkender Qualm stieg uns in die Nasen und in den Hals, so dass wir uns beinahe die Lungen aus dem Leib husteten. In dem sich immer weiter ausbreitenden Flammenmeer explodierten Bäume, Baumkronen wurden vom Stamm abgerissen und schossen mit einer Stichflamme in die Luft, einen breiten Funkenregen versprühend, der in dem trockenen Gehölz neue Feuer entfachte. Wir Kinder starrten in das Inferno. Um uns herum wurde es immer heißer, Funken wurden von den vom Waldbrand erzeugten heißen Winden mitgerissen, fielen am Rande der Brandherde wieder zu Boden und drohten uns Löcher in die ärmliche Kleidung zu brennen. Wir wichen zurück und als die Feuerwehr anrückte, mussten wir auch unseren neuen Aussichtspunkt räumen, damit die Feuerwehrleute ungehindert den Brand löschen konnten. Wir beobachteten den Kampf des Wassers mit dem Feuer. Es zischte und qualmte, weißer Rauch vermischte sich mit schwarzem Rauch, mal ging das Feuer aus, dann loderte es wieder auf und schoss vermischt mit schwarzem Rauch in die Höhe, weit über die Baumkronen hinaus. Wir fragten uns, wer wohl von beiden siegen würde, das Feuer oder das Wasser und da wir das Ergebnis unbedingt erleben wollten, schauten wir den Naturgewalten zu, bis das Feuer nach einigen Stunden weitgehend eingekreist und schließlich gelöscht war. Der Anblick des abgebrannten, qualmenden Stück Waldes, der einsam übrig gebliebenen schwarzen Baumstümpfe und der Gestank nach Verbranntem waren für uns furchteinflößend. Nachdenklich und schweigend gingen wir ins Barackendorf zurück, wo das alltägliche Thema ‚Wo bekommt man was zu essen‘ vom aktuellen Thema ‚Waldbrand‘ vorübergehend beiseite geschoben wurde. Die Erwachsenen fragten sich, wie das Feuer überhaupt entstehen konnte. Zigarettenkippe, sagte der eine. Quatsch, kinn Mensch wirft ne Kippe wech. Dä Tabak weard gesammelt, sagte ein anderer. Vielleicht hat sich ja das Feuer selbst entzündet, meinte wieder ein anderer. Dat kann sin, do muss nur ne Glasscherbe römliegn und schon isset passiert, antwortete ein Experte für Brandursachen. Aber einig waren sich alle, dass die Feuerwehrleute eine gute Arbeit gemacht hatten. Die ham em Kriech gelernt, wie man dat Feuer löschen tut, meinte ein Dorfbewohner und alle nickten.

Fringsen

Als es Herbst und kälter wurde, sammelten wir Holz für den Winter. Holz gab es im Wäldchen oberhalb des Steinbruchs genug und es war wegen der großen Hitze sogar trocken. Aber es war mühselig, das Kleinholz zusammenzusammeln. Also beschlossen meine Eltern, einen Baum zu fällen und zu zerkleinern. Sie wussten, dass das verboten war, und deshalb mussten sie ihr Vorhaben in die Nacht verlegen. Als es dunkel wurde, stiegen sie den Hang hinauf und steuerten den bereits ausgewählten Baum an. Dann begannen Papa und Mama mit einer Blattsäge, Keilen und einer Axt den Baum umzulegen und als er sich langsam zu neigen begann, bemerkten sie, dass er sich auf die Elektrokabel, die das Barackenlager mit Strom versorgten, zubewegte. Mama und Papa bekamen einen Riesenschreck, sie wussten, dass ihnen eine harte Strafe wegen Diebstahls und Beschädigung einer öffentlichen Einrichtung drohte, falls ihre Baumfällaktion bekannt würde. Damals fackelte man mit Dieben und sonstigen Straftätern nicht lange, denn die Besatzer hatten alle Hände voll zu tun, um die Ordnung im Land aufrecht zu halten. Aber wenn das Lebensnotwendige fehlte, wurden Gesetze und Verordnungen häufig missachtet. Das Gewissen meiner Mutter war dennoch so rein, wie es reiner damals nicht hätte sein können, denn ihr zuständiger Bischof, Kardinal Frings aus Köln, hatte den Dieben von überlebenswichtigen Dingen schon im Voraus die Absolution erteilt. Daher hieß diese Art von Stehlen „Fringsen" und führte zu keinen Punkten im himmlischen Flensburg. Und da meine Mutter eine tiefgläubige Katholikin war, lobte sie Gott und den Kardinal und freute sich auf das Holz für den Winter. Aber sie hatten das Holz ja noch nicht in der Hütte. Papa stützte den Baum, dass er nicht weiter fallen möge und Mama rannte ins Lager, um eine Wäscheleine zu holen. An den Tatort zurückgekehrt band sie einen Stein an ein Ende der Leine und warf ihn mit samt der Leine über einen Ast und dann nahmen meine Eltern, die Freizeit-Holzfäller vom Barackenlager, alle ihre Kräfte zusammen und zogen mit der Wäscheleine aus Leibeskräften den sich neigenden Baum vom Stromkabel weg. So schrappten der Baum ganz knapp am Kabel und meine Eltern an einer Katastrophe vorbei und mit dem fallenden Baum fiel ihnen auch noch ein riesiger Stein vom Herzen. Noch am Tatort zerlegten sie mit Axt und Blattsäge ihre Beute und stießen die Baumstücke den Abhang hinunter ins Barackendorf. Als es dämmerte war die grobe Arbeit getan, meine Eltern waren erleichtert und für den Winter war vorgesorgt. War es nicht wunderbar, dass es im Barackenlager nicht einen einzigen Denunzianten oder Erpresser gab, der meine Eltern ganz leicht in Schwierigkeiten hätte bringen können?

Im Hof des Barackenlagers wurden die Baumstücke klein gesägt. Dazu verwendete mein Vater wieder die große Blattsäge. Mein Bruder und ich mussten meinem Vater dabei helfen, was auch ganz einfach war, wenn man die Blattsäge nur zog und nicht versuchte zu drücken. Das fiel mir allerdings nicht leicht und so schimpfte mein Vater immer wieder, wenn ich drückte, sich die Säge dann festhakte und mein Vater vergebens an der Säge zog.

Im Höfen

Mein Vater war Bauingenieur, und hatte damit einen in dieser Zeit begnadeten Beruf; denn zu bauen gab es nach dem Krieg überall viel und so arbeitete er gleich nach seiner Ankunft in Wuppertal bei einem Unterbarmer Bauunternehmer, beim ,Blauen', wie ihn meine Eltern nannten und ich lernte eine weitere Barmer-Platt-Spezialität kennen: Ein ,Blauer' ist ein Mann mit roten Haaren. Dem Job meines Vaters und dem Blauen verdankten wir die Aussicht auf eine richtige, eigene Wohnung in einem zwar ausgebrannten aber noch recht gut erhaltenen vierstöckigen Haus im Höfen 37 in Wuppertal-Oberbarmen, das vom Blauen gerade in Stand gesetzt wurde. Noch rechtzeitig vor Weihnachten sollten wir die Wohnung beziehen können. Ich betrachtete den nahenden Umzug mit gemischten Gefühlen, denn ich fühlte mich im Barackenlager wohl. Wir lebten dort mitten in der Natur, an Felsen, Büschen und Wäldchen und atmeten den ganzen Tag frische Luft ein, wenn nicht gerade bei diesigem Wetter der Qualm des zu feucht verbrannten Holzes aus den vielen Schornsteinen in den Steinbruchkessel hinuntergedrückt wurde oder uns der Geruch des muffigen Brotes verfolgte. Wir hatten dort Spielkameraden und die Nachbarn waren alle nett zu uns Kindern. Warum sollten wir also umziehen, fragte ich mich. Dass Onkel Michel, Tante Anna, Papa und Mama, mein Bruder und ich zusammen in zwei Zimmern wohnten, war mir nicht unangenehm aufgefallen, wir hatten einen Spielplatz, einen Tisch, Hocker und ein Bett, das reichte mir um glücklich zu sein.

Zwei Tage vor Heilig Abend wurde es ernst. Ein Pferdewagen der Spedition Haarhaus, ebenfalls im Höfen zu Hause, fuhr vor und meine Eltern packten vier Hocker, eine Kommode und ein großes Bett, samt Matratzen und Bettzeug auf den Wagen. Es war unser ganzes Mobiliar das wir von Verwandten, die nicht ausgebombt waren, geschenkt oder geliehen bekommen hatten. Als die Möbel verstaut waren, fuhr der Kutscher mit mei-

nem Vater los. Unsere kleinen Habseligkeiten, darunter meine drei Bücher: ‚Wie Engelchen seine Mutter suchte‘, ‚Märchen von Hans Christian Andersen‘ und ‚Rumdidibum‘, ein lustiges Kinderbuch meines Vaters aus seiner Kinderzeit mit Bildern, mein Stöcksken und meine ‚schöne Frau‘, ein etwa vier Zentimeter großes, buntes Porzellanpüppchen, das ich aus dem Erzgebirge mitgebracht hatte und sehr, sehr liebte, packte meine Mutter zusammen mit dem Hausrat in einen Handwagen. Dann verabschiedeten wir uns von Tante Anna und Onkel Michel, den beiden Heiligen vom Barackenlager, die trotz ihres Alters ein halbes Jahr lang auf engstem Raum den Lärm einer jungen Familie ausgehalten hatten. Draußen empfing uns nasskaltes, schmuddeliges Winterwetter. Es schneite und der nasse Schnee matschte die Straßen ein. Meine Schuhe waren nach kurzer Zeit durchnässt und die Füße eiskalt. Ich fror. Mit leerem Magen friert man schneller. Die Landstraße hinunter bis Blombacher Bach war noch zu ertragen, aber nachdem wir die Wupper überquert hatten und uns durch den Schneematsch die endlos lange Oehder Straße entlang und durch das Rauental kämpften, konnte ich kaum noch laufen. Ich hielt mich am Handwagen fest und ließ mich ziehen, obwohl wir ihn eigentlich schieben sollten, um unserer Mutter das Ziehen ein wenig zu erleichtern. Die Wanderung wollte und wollte nicht enden. Dicker, drömmel[1] nich so!, ermahnte mich meine Mutter immer wieder (Der Kosename ‚Dicker', mit dem mich meine Eltern immer wieder entzückten, bezog sich nicht auf meine Körperfülle, die ich in den schlechten Zeiten nicht hatte, sondern auf meinen bemerkenswerten Dickkopf, den ich mit meinen Vorfahren und vielen Menschen im Bergischen Land teilte). Irgendwann stolperte ich über meine müden Füße und fiel der Länge nach in den Matsch. Meine Mutter schimpfte mit mir, sie war selbst erschöpft, fix und fertig. Dann tröstete sie uns und erzählte, dass Papa bereits den Ofen anheizen und uns deshalb eine warme Wohnung erwarten würde. Aber die hatten wir auch im Barackenlager, dachte ich. Wieso sind wir überhaupt von Tanta Anna und Onkel Michel weggezogen?, fragte ich protestierend. Ich verstand die Welt nicht mehr. So träumte ich in meiner Not von einem warmen Zimmer, einem warmen Bett, einem warmen Weihnachtsfest, derweil ich eine Hand in der Manteltasche versteckte, um sie vor der Kälte zu schützen und mich mit der anderen am Handwagen festhielt. Es ist eigenartig, aber an heftige Hungergefühle kann ich mich nicht erinnern. Vielleicht gewöhnt sich der Körper an die Leere im Magen. Ich wollte nur eines: Wärme. Als wir im Höfen 37 an-

---

1 drömmeln, langsam machen

kamen und in den zweiten Stock stapften, konnte ich - noch halb betäubt - wahrnehmen, dass das Haus im Inneren teilweise noch ein Rohbau und unsere Wohnung gerade frisch verputzt schien. Immerhin waren alle Fenster eingebaut und eine Wohnungstür schützte uns vor fremden Besuchern. Wir stolperten im Flur über provisorisch ausgelegte Bohlen geradeaus in die Küche. Die Luft war feucht und eiskalt. Die Kälte hatte sich in den Mauern festgesetzt und die Feuchtigkeit saß noch im frischen Putz. Der Ofen war viel zu schwach, um das Klima in der Wohnung kurzfristig zu ändern. So bezogen wir nur die Küche, diese war Küche, Wohnzimmer, Schlafzimmer und Bad in einem. Nur für den Gang zur Toilette mussten wir das Zimmer verlassen. Meine Eltern stellten sofort das Bett auf und meine Mutter kochte eine Suppe, besser gesagt eine dünne Gemüsesuppe. Was ich aß, war mir egal, Hauptsache, es war heiß. Wir hockten uns rings um den Ofen und löffelten unsere Suppe. Dann krochen wir unter die feuchte Decke ins Bett, rollten uns zu Kugeln zusammen und warteten, bis es wärmer werden würde. Ich habe die aufkommende Wärme nicht mehr bemerkt, weil ich gleich vor Mattigkeit eingeschlafen war.

Dämmerstunden

Dass wir wieder eine eigene Wohnung wie in Schlettau im Erzgebirge hatten, war das Allergrößte für die Familie, auch wenn es noch an allem fehlte, zum Beispiel an elektrischem Licht. Wenn es abends dämmerte, gingen wir einfach ins Bett. Zunächst konnten wir wegen der Bauarbeiten in anderen Räumen nur ein Schlafzimmer beziehen. Mama und Papa schliefen in ihrem großen Bett und mein Bruder und ich zu ihren Füßen in Kinderbetten. Da wir aber gegen 6 Uhr abends noch nicht müde waren, hielten wir Dämmerstunde. Wir machten es uns sitzend in unseren Betten gemütlich und unser Vater erzählte Geschichten aus Schlettau und dem Erzgebirge. Es waren Tatsachenberichte, erlebte Geschichten von Schlettauer Bürgern, so ähnlich wie diese:

‚Mein Mitarbeiter Herbert Müller aus dem Büro der Bahnmeisterei in Schlettau ging eines Tages von Schlettau den Weg hoch nach Scheibenberg. Es war an einem Samstag im Sommer 1944, ein frischer Wind wehte dem Mann ins Gesicht. Er ging langsam, denn er hatte es nicht eilig. Ihm gingen alle möglichen Dinge durch den Kopf: der Krieg und die Fliegerangriffe auf Bahnanlagen, die den Eisenbahnern hier in der Bahnmeisterei viel Arbeit bereiteten, die Familie, die Freunde in Scheibenberg. Während er des Weges ging hörte er von hinten eine Pferdekutsche herannahen. Die Pferdehufen klapperten und die mit eisernen Reifen beschlagenen Räder lärmten auf dem Pflaster. Das Gespann kam immer näher und der Lärm wurde lauter. Als dann das Pferdegespann kurz hinter ihm war, trat mein Mitarbeiter sicherheitshalber zur Seite, um Platz zu machen, schaute dem Pferdegespann entgegen ----- und sah nichts! Das Gespann klapperte und rollte an ihm vorüber und der Lärm verhallte allmählich Richtung Scheibenberg, aber Herbert Müller sah nichts, weder in der Nähe noch irgendwo in der Ferne! Er erstarrte vor Entsetzen. Wo war das Gespann? Er hatte es doch gehört! Er hätte schwören können, dass er das Gespann gehört hatte. Er war doch nicht von Sinnen! Er drehte sich um, und eilte sofort nach Hause um seiner Familie und am folgenden Montag mir im Büro von seinem Erlebnis zu berichten. Selbst, als er mir das nach zwei Tagen erzählte, war er noch völlig außer sich.'

Eine andere Geschichte aus Schlettau ging so:

‚In der Nähe von unserem Häuschen in Schlettau standen zwei Häuser. In einem wohnte eine alte Frau, die sehr wortkarg und vielleicht auch manchmal etwas sonderbar war. Man sagte, sie sei mit dem Teufel im Bund. Gut, das sagte man so, aber daran glaubte keiner so recht. Dafür war man doch zu aufgeklärt. Aber als der Nachbar eines späten Abends nach Hause kam, sah er in der Dunkelheit wie heller Lichtschein aus dem Schornstein aufleuchtete und anschließend der leibhaftige Teufel aus dem Schornstein auf- und davonflog. Der Mann hatte alle Details genau erkennen können, das Gesicht, den Schwanz, die Pferdebeine, alles. Das Licht erlosch wieder und unser Nachbar stand lange wie angewurzelt vor Schreck auf der Stelle und sah hinauf zum Schornstein. Dieser qualmte wie immer, nichts Besonderes geschah. Er wollte es nicht glauben, aber er hatte den Teufel gesehen! Damit war auch klar: Die Alte stand tatsächlich mit dem Teufel im Bund.'

Wir fragten später dann unsere Eltern, warum man in Schlettau solche Dinge gesehen hat. Hier im Höfen in Oberbarmen sind uns solche Dinge nie zu Ohren gekommen. Meine Mutter meinte, die Schlettauer sind alle Spökenkieker, Geisterseher. Die bilden sich das alles ein. Das läge am Erzgebirge, dem vielen Nebel, den Wettererscheinungen und an der Fantasie der Menschen dort. Zur Verdeutlichung erzählte Papa auch eine Geschichte, wie er selbst eine Erscheinung in Schlettau hatte:

‚Ich ging im Nebel durch Schlettau und sah, als ich mich umdrehte, hinter mir eine große Frau stehen. Und immer, wenn ich ging, ging sie auch und wenn ich stehen blieb, blieb auch sie stehen. So ging das eine ganze Zeit. Irgendwann bekam ich es mit der Angst zu tun, drehte mich wieder um und sah die Frau genau an. Und auf einmal fiel es mir wie Schuppen von den Augen, es war keine Frau, sondern der Schlettauer Kirchturm.'

Mein Vater erzählte noch viele Geschichten, auch Sagen, von denen es sehr viele aus dem böhmischen und sächsischen Erzgebirge gibt und die den Fantasiereichtum der Menschen dort belegen. Mein Bruder und ich fanden die zum Teil gruseligen Geschichten spannend und wir bedauerten es sehr, als die Handwerker die elektrischen Leitungen verlegt hatten und eines Tages am Abend das Licht anging. Die Dämmerstunden waren Vergangenheit.

Der Suchdienst vom Roten Kreuz

Wenn meine Mutter kochte, lief in der Regel in der Küche das Radio mit den Sendungen des Nordwestdeutschen Rundfunks, kurz NWDR genannt. Meine Eltern hatten mit einigen Möbeln auch unser Radio mit in den Westen gerettet. Es war kein üblicher „Volksempfänger", sondern ein stattliches Blaupunkt-Radio. War draußen kein Wetter zum Spielen und ich hatte Langeweile, so stand ich häufig in der Küche, sah meiner Mutter zu und lauschte den Stimmen im Radio. Vor allem, wenn die verstörenden Suchmeldungen für die seit dem Krieg vermissten Männer, Frauen, Kinder, heimatlose Heimkehrer und Soldaten kamen, war ich ganz Ohr. Meine Mutter hörte sicher mit großer Aufmerksamkeit zu, denn auch in unserer Familie gab es vermisste Angehörige, wie der Sohn von Onkel Hermann, wie mir später meine Mutter erzählte. Damals allerdings kommentierte sie diese Sendungen in meiner Anwesenheit nicht.

‚Manfred Abromeit, geboren in Königsberg, letzte Heimatanschrift Preußisch Eylau, Ostpreußen, wird von seinen Angehörigen gesucht / Der Soldat Wilhelm Augenzeller, geboren am 25.8.1908 in Allenstein, Ostpreußen, sucht seine Frau Maria Augenzeller aus Osterode, Ostpreußen / ... Wir verlesen nun Namen von Kindern, die ihre Angehörigen suchen: Max Schließer aus Passau sucht seine Mutter und Geschwister / Die Geschwister Peter, Anna und Elisabeth Kallweit, geboren in Insterburg, Ostpreußen, letzte Anschrift: Kinderheim in Everinghausen bei Bremen, suchen ihre Eltern Marga und Carl-Fürchtegott Kallweit / ... Sie hörten den Suchdienst. Wir bitten die Hörer, die Auskunft über den Verbleib der Genannten geben können ...'

Diese Meldungen dauerten und dauerten. Von den brutalen Schicksalen der Gesuchten und der Angehörigen hatte ich nichts gewusst und geahnt, unsere kleine Familie war ja vollzählig beieinander. Aber im Innersten muss ich wohl gespürt haben, dass hier über Schlimmes berichtet wurde. Waren die Ruinen und die zerschossenen Panzer Zeugen dieses Leids? Auch erinnerte ich mich noch an das Menschengewühle im

Bahnhof Magdeburg bei unserer fluchtartigen Ausreise aus dem Osten. Da hätte man leicht abhanden kommen können, wenn man nicht aufgepasst hätte. Ich erinnerte mich an unser Versteckspielen, wenn russische Soldaten irgendwo auftauchten. Wir verkrochen uns hinter Hecken von Vorgärten, bis die vermeintliche Gefahr vorbei war. Aber ich erinnerte mich auch daran, dass unsere Mutter immer darauf achtete, dass wir dicht bei ihr blieben. Wo waren nur die vielen Menschen, die im Suchdienst des Roten Kreuzes über den Rundfunk gesucht wurden? Von Fluchtschicksalen auf den langen Trecks von Schlesien und Ostpreußen Richtung Westen hatte ich damals keine Vorstellung.

In dulci jubilo

Weihnachten ohne Christmette wäre für meine Mutter kein Weihnachten gewesen, für meinen Vater schon eher und für mich und meinem Bruder sowieso. Da für alle Glaubensfragen aber meine Mutter zuständig war, wurden mein Bruder und ich am Weihnachtsmorgen um vier Uhr geweckt, weil die Christmette um fünf Uhr beginnen sollte. Es war entsetzlich. Wir zogen uns in dem kalten Zimmer die feuchten Klamotten wieder an und liefen noch halb schlafend in der Kälte zu einer Turnhalle in Oberbarmen, weil unsere Kirche, St. Johann Baptist, in der Normannenstraße in Oberbarmen wegen Bombenschäden geschlossen war. Als wir die Turnhalle betraten, suchten wir vergebens einen Platz. Die Halle war rappelvoll. Also standen wir irgendwo ziemlich weit hinten, konnten uns aber einen Stehplatz ergattern, von dem man ganz gut zum Altar sehen konnte. Obwohl Körper und Seele des Menschen hier auf Erden eine Einheit bilden, reagierten bei mir beide doch ganz unterschiedlich auf den Verlauf der Messe. Über zwei Stunden mit nüchternem Magen in der vollen Turnhalle stehen zu müssen, mag auch ein entbehrungsgewohnter Körper nicht. Meiner Seele dagegen vermittelte die Christmette so etwas wie ein wenig Glück. Ich verstand zwar nicht, was der Priester auf Lateinisch sprach und sang und betete und wieder feierlich sang. Aber die wunderschönen, herzerweichenden Lieder, die die Menschen mit Inbrunst sangen, wie ‚Oh, du Fröhliche‘ oder ‚Menschen, die ihr ward verloren‘ oder ‚in dulci jubilo‘ und ‚Stille Nacht, Heilige Nacht‘, und auch der Weihrauchgeruch, die vielen Kerzen, die bunten Gewänder rund um den Altar verzauberten mich. Vielleicht harmonierten Seele und Körper dennoch, vielleicht hätte ich das lange Stehen nicht ausgehalten, wenn sich die Seele nicht so erfreut hätte. Vielleicht wäre ich vor Schlappheit und Müdigkeit einfach umgefallen; denn mein Rücken, meine Beine und Füße schmerzten und auch das Von-Einem-Bein-Auf-Das-Andere-Wechseln half nicht mehr. Glücklich trat ich mit der Familie nach über zwei Stunden Christmette den Heimweg, bzw. das, was mein Heimweg werden sollte, an. Ein ‚Heim' hatte ich noch nicht gefunden, jedenfalls war es noch nicht diese kalte und feuchte Steinhöhle, die wir vor wenigen Tagen aufgesucht hatten. Geduldig ließ ich die Dinge auf mich zukommen. Geduld war sowieso tagtäglich und überall gefragt. Geduld war damals ein Grundpfeiler des Überlebens. Man brauchte Geduld, um ausreichend Lebensmittel zu bekommen, Geduld um Kleidungsstücke aller Art zu ergattern oder Garn und Stoff, um sich die Kleidung selbst nähen zu können, Geduld, um warmes Wasser zu bekommen, Geduld um genügend Papier für die Toilette zu haben. Das ‚Stille Nacht, Heilige Nacht' und das ‚Oh, du Fröhliche' und das ‚Menschen, die ihr ward verloren' und das ‚in dulci jubilo' hatten ihre Wirkung nicht verfehlt. Es war in meiner Seele feierlich geworden. Gibt es eine Bescherung?, fragte ich. Quatsch, wir haben schlechte Zeiten, wir haben nichts und sind froh, wenn wir etwas zu essen haben, sagte meine Mutter. Zu Hause legte mein Vater zuerst Holz im Ofen nach. Es war immer noch eiskalt in unserer Steinhöhle und so verkrochen wir Kinder uns wieder unter der Bettdecke, weil es dort wärmer war und weil wir schrecklich müde waren. Der fehlende Schlaf wollte eingelöst werden. Mein Bruder ahnte, dass es eine Bescherung geben würde, er machte mir gegenüber solche Andeutungen. Ich glaubte es nicht und deshalb war ich völlig überrascht, als uns unsere Eltern weckten und ich, als ich unter der Decke hervor gekrochen kam, in einen mit brennenden Kerzen geschmückten Weihnachtsbaum blickte. Unter dem Baum lag ein kleiner Teller mit Plätzchen, zwei Schachteln mit bunten Stäben und zwei weitere schmucklose Kartons, die unsere Blicke auf sich zogen. Vor der Bescherung las mein Bruder noch die Weihnachtsgeschichte vor und dann durften wir einige der „Kriegsplätzchen" essen, die nach einem Spezialrezept meiner Mutter gebacken waren. Sie bestanden aus einfachsten Zutaten und schmeckten trotzdem hervorragend. Bis heute werden sie in unserer Familie an jedem Weihnachtsfest gebacken, in Erinnerung an die mageren Jahre nach dem Krieg und weil wir sie immer noch mögen. Dann begutachteten wir die bunten Stäbe. Es sei Knetmasse erklärten uns unsere Eltern. Wir müssten sie in den Händen weichkneten und dann würden sie sich verformen lassen. Wir hatten nur ein Problem. Die Knetmasse war so kalt, wie die kalte Luft im Zimmer. Auch unsere Hände waren kalt, wie sollte da die Knetmasse weich werden? Wir brachen uns etwas Masse von den Stäbchen ab und hielten sie - wieder war Geduld gefragt - in unseren Händen eingeschlossen, bis sie sich irgendwann verformen ließ. Gleichzeitig untersuchten wir auch die beiden Kartons. Mein Bruder las: ‚Metallbaukasten'. Als wir die Deckel anhoben, entdeckten wir gelochte Aluminiumstäbe in verschiedenen Formen, viele Schrauben und Muttern, sowie einen Schraubenschlüssel. Während ich mich hauptsächlich der Knetmasse widmete und Menschen und Tiere formte, arbeitete mein Bruder mit dem Metallbaukasten, wobei unser Vater beim Kneten und Zusammenschrauben half. Der Vormittag verging im Nu bis uns unsere Mutter zum Essen rief. Es gab zur Feier des Tages eine dünne Gemüsesuppe mit Büchsenfleisch drin. Wir waren von der Mahlzeit begeistert und fanden, dass es ein wirklich wunderbares Essen war. Es wäre auch ein rundum wunderbares Weihnachtsfest geworden, wenn es unserer Mutter nicht plötzlich übel geworden wäre und sie nicht das ganze Büchsenfleisch dem Klosett übergeben hätte. Es ging ihr so schrecklich schlecht, dass sie den ganzen ersten Weihnachtstag im Bett verbringen musste. Vielleicht waren auch die Ereignisse der letzten Tage zu viel für sie gewesen: der Umzug, der Einzug in eine unfertige, kalte Wohnung, der Besuch der Christmette noch halb in der Nacht ohne Sitzgelegenheit und mit leerem Magen. Wir Kinder waren mit unseren Geschenken sehr glücklich. Da ich außer meinen drei Büchern, dem Stöcksken und der ‚schönen Frau' nichts besaß, war das Wenige, das wir bekamen, sehr viel! Nach dem Mittagessen flohen wir vor der Kälte alle zusammen zu unserer Mutter in das große Bett. Nur mein Vater stand immer wieder auf, um im Ofen Holz nachzulegen.

Rezept ‚Kriegsplätzchen‘:

Zutaten:
225 gr Kunsthonig (Invertzucker),
225 gr Zucker,
65 gr Margarine,
1 Tütchen Vanillezucker,
Zitropulver,
1 Messerspitze Zimt,
1 Messerspitze gemahlene Nelken,
etwas Muskatnuss,
6 gr Hirschhornsalz,
550 gr Mehl (Typ 405).

Zubereitung:

Kunsthonig, Zucker und Margarine zergehen lassen. Dann alles andere, außer Mehl, zugeben und mit dem Rührbesen umrühren. Dann löffelweise Mehl zugeben und einen Esslöffel Wasser und den Teig sehr gut zerkneten und zwei Stunden ruhen lassen, dünn ausrollen, mit Förmchen ausstechen und auf einem gefetteten Blech bei 150°C auf der zweituntersten Schiene backen (etwa 17 Minuten).

Nicht in trockenen Räumen lagern, sonst werden die Plätzchen sehr hart!

Empfehlung:

Sollte in der einen oder anderen Not die eine oder andere Zutat nicht zur Verfügung stehen, kann sich der Leser, wenn er die Kriegsplätzchen backen will, auch mit dem behelfen was er hat. Sollte er aber zum Beispiel tatsächlich Zitronen besitzen, kann er sich statt Zitropulver auch den Luxus von 40 gr geriebener Zitronenschale leisten. Praktisch ist es, sich die fehlenden Zutaten auf dem Schwarzmarkt oder auf einer Hamsterfahrt zu besorgen! Man vergesse aber nicht, Spitzendeckchen, Litzen, Bänder, Tafelsilber von der Aussteuer oder praktische Dinge für den alltäglichen Gebrauch mit aufs Land zu nehmen! Der Leser kann sich die fehlenden Zutaten auch über den Tauschhandel im Verwandten- und Bekanntenkreis besorgen: Du kannst gemahlene Nelken bekommen, wenn du mir Muskatnuss gibst. Ich habe Mehl übrig, kannst du mir Kunsthonig geben? Mir fehlt noch etwas Hirschhornsalz, habe aber noch Vanillezucker übrig. Dieses Beschaffungswesen klappt bestimmt, es hat schließlich auch 1947 geklappt.

1948

Handwerker im Haus

Die Winterwochen waren spannend. Das Haus wurde ausgebaut. In der Wohnung und im Treppenhaus arbeitete der Fliesenleger aus Italien mit einem Tempo, das mir den Mund offen stehen ließ. Blitzschnell war der Mörtel aufgestrichen und mit einer Genauigkeit, die ich nur bestaunen konnte, setzte er die Fliesen, eine an die andere. Und das Ergebnis sah so schön, so proper aus. Ein anderer Handwerker, der Klempner, verlegte Rohre, Rohre für das Abwasser und Rohre für das Trinkwasser. Dafür benutzte er Bleirohre. Die konnte er wunderbar verbiegen, schneiden und anpassen. Blei war eben weich. Dass es giftig war, kümmerte damals keine Menschenseele. Unser Klempner hantierte mit dem Blei sehr sorglos. Er arbeitete ohne Handschuhe und seine Hände waren schwarz vom Abrieb des Bleis. Mit diesen Händen aß er auch sein Vesperbrot, Wasser, um sich die Hände zu waschen, gab es ja keines, während er arbeitete. Zum Verbinder der Rohre benutzte er mehrere Materialien, verschiedene Werkzeuge wie Zangen, Feilen, Messer, Sägen und einen Karbidbrenner zum Löten. Vor dem Zusammenlöten feilte er erst einmal den grauen Belag an der Lötstelle von den Rohren, weitete ein Rohr mit einer speziellen Zange, erhitzte die Rohre, fügte sie zusammen und füllte Lot mit dem Brenner in die Verbindungsstelle. Dabei qualmten Blei und Zinn und der Klempner und auch ich atmeten die Dämpfe bedenkenlos ein, denn es war interessant, dem Handwerker aus nächster Nähe zuzusehen. Dass sich dieser arme Handwerker eine Bleivergiftung durch Inhalation der Dämpfe und dem Bleiabrieb auf der Haut mit allen schrecklichen Folgen für seine Gesundheit zuziehen würde, war damals kein Thema. Nach dem Krieg hatte man Wichtigeres zu tun.

Hamstern bei Bauern und Verwandten

Der Winter 1947/48 ging vorbei und das Leben im Höfen 37 nahm Gestalt an. Unsere Wohnung war in den Wochen nach Weihnachten mit Hochdruck fertiggestellt worden. Von unseren Verwandten bekamen wir Möbel, Vorhänge und Wäsche. Vor allem gab uns unser Köbes, wie unser verwittweter Onkel Jakob genannt wurde, alles, was er entbehren konnte. Er war ein netter Onkel, bei dem wir gerne zu Besuch waren. Kommt, vi gonn denn Köbes besöken[2], woll?, sagte meine Mutter. Beim Köbes war es gemütlich. Er war schwerhörig. Ek vostoh önk nich, önk möst en bötschken lauter kallen[3], sagte er, wenn Mama und Papa zu leise sprachen. Kinder mussten damals ja sowieso den Mund halten und durften nur reden, wenn sie gefragt wurden. Auch bei seinem Sohn, Onkel Willi und dessen Frau Tante Else waren wir gerne. Ich wurde immer bei Tante Else abgeliefert, wenn Mama mit Onkel Willi hamstern ging. Mama war dann froh, dass ich von der Straße weg war und ich war dort froh, dass ich mit einem netten Mädchen spielen konnte, deren Eltern auch mit hamstern waren und Tante Else war froh, dass sie wieder einmal einen Tag mit Kindern verbringen konnte, weil sie keine eigenen hatte. Und alle waren froh, wenn am Abend die Tür aufging und Mama und Onkel Willi die Rucksäcke und Beutel mit Lebensmitteln auspackten und sich den Inhalt teilten. Aber am Allerfrohesten war ich, wenn sich Tante Else dann gleich an den Herd stellte und uns allen Bratkartoffeln mit Spiegeleier briet. Da war die Welt wieder in Ordnung. Der Abend wurde zu einem Fest! Köbes wurde für damalige Zeiten steinalt: Er starb in den fünfziger Jahren mit fünfundneunzig Jahren!
Wir besuchten auch oft Tante Mariechen und Onkel Hermann in Eschensiepen. Das war immer kurzweilig. Schon auf dem langen Weg dorthin lief uns Kindern angesichts der Waffeln mit Milchreis, die uns erwarteten, das Wasser im Mund zu-

---

2 besuchen
3 reden

sammen. Bei Onkel Hermann und Tante Mariechen konnten wir kräftig reinhauen, weil Tante Mariechen es nicht duldete, dass wir uns beim Essen zurückhielten, wie uns unsere Eltern aufgetragen hatten. Tante Mariechen fühlte sich für unser leibliches Wohlergehen zuständig und diese Aufgabe meisterte sie zu meinem Vergnügen mit großem Eifer. Onkel Hermann dagegen sorgte für unsere Unterhaltung. Er war früher Heizer auf der schweren Güterzugdampflok 44 gewesen und konnte stundenlang spannende Geschichten von seinen Zugfahrten erzählen: wie sie auf nassen Schienen eine steile Strecke hinauf dampften und der Lok der Sand ausging, wie er sich fast tot schaufelte, wie sie Signale überfuhren, weil der schwere Güterzug nicht so schnell auszubremsen war, was für Folgen das hatte, wie ihre Lok, die sie liebten, unterwegs den Geist aufgab und ihr Stolz es nicht erlaubte, irgend jemanden zu informieren, weil sie selbst in mühevoller Kleinarbeit die Lok wieder zum Laufen bringen wollten, wie sie sich bei Eis und Schnee durch die Landschaft kämpfen mussten. Onkel Hermann ging der Gesprächsstoff nie aus. Ob bei seinen Geschichten auch Eisenbahnerlatein im Spiel war, weiß ich nicht, aber spannend war es immer, ihm zuzuhören. Hin und wieder erzählte er auch von seinen sportlichen Schlägereien, wie er sich im Kampf um die Freundin mit den Jungs vom Nachbardorf prügelte. Dann schritt meistens Tante Mariechen ein: Votell doch den Jungs nich son Driet[4]! Onkel Hermann trank oft einen über den Durst, vielleicht versteckte sich hinter seiner fröhlichen Art auch Trauer. Ich weiß nur, dass ich einmal Tante Mariechen habe weinen sehen, als sie sich mit Mama über ihren Mann unterhielt. In dieser Zeit gab es für die Erwachsenen viele Gründe zu weinen.

---

4 vulgäres Wort mit 7 Buchstaben

Der Abenteuerspielplatz Ruine

Wir Kinder lagen, soweit wir nicht in die Schule gingen, den ganzen Tag auf der Straße. Nach dem Frühstück verkündete ich immer den gleichen Satz: Ek gonn ma vor Tür, woll? Auf die Frage ‚woll?' erwartet ein Barmer keine Antwort. ‚Woll' ist eigentlich auch keine Frage im strengeren Sinn, sondern eine zustimmungsunterstellende Kommunikationsfloskel wie das ‚gell' in Süddeutschland. Im Höfen gab es mehr Spielkameraden als im Barackenlager und wir brauchten nicht lange um festzustellen, dass eine Ruine ein toller Abenteuerspielplatz und dass Ruinenzertrümmern die Krönung aller Spiele ist. Direkt neben unserem Haus Höfen 37 stand von der Straße aus betrachtet links ein ausgebranntes Haus, dessen Wände und Decken alle noch intakt waren. An ein Treppenhaus kann ich mich nicht erinnern, wahrscheinlich war es aus Holz gewesen und abgebrannt. Nur in den Keller hinunter führte eine Steintreppe. Dort herumzugeistern war eine Mutprobe, denn es war stockdunkel und wir besaßen weder Taschenlampe noch Streichhölzer, um den Keller auszuleuchten. Der Hauseingang war mit Jugendstilkacheln geschmückt. Sie waren so schön, dass ich mir unbedingt eine Kachel mit nach Hause nehmen wollte. Für unsere Abrissarbeiten besorgten wir uns das, was wir im Haus fanden: Eisenrohre, Elektrokabel, Betoneisen usw. – die brachten wir aber meistens zum Schrotthändler, der uns dafür ein paar Pfennige gab –, große Steine und Hölzer. Wir schlugen die Kacheln mit roher Gewalt von den Wänden, so dass leider keine unbeschädigt blieb, ich musste mich mit Bruchstücken zufrieden geben. Und da wir schon so erfolgreich den Hauseingang zerstört hatten, setzten wir die Abrissarbeiten auch im ersten Stock fort. Wir waren uns einig: Wir schlagen auch die Decken ein. Diese bestanden aus Bimsbeton, der zwischen Eisenträgern, die einen Abstand von etwa sechzig oder achtzig Zentimetern hatten, eingebracht worden war. Die größeren Kinder schafften Eisenstangen und große Steine in den ersten Stock. Mit den Eisenstangen schlugen wir Löcher in den Bimsbeton und dann warfen wir die großen Steine so lange auf die Decke, bis der Bims nachgab und Stück für Stück in das Erdgeschoss hinunter polterte. Wir schafften es tatsächlich, die Decken im ersten Stock vollständig zu zertrümmern, und auch die im Erdgeschoss, wo nicht der Schutt vom ersten Stock herumlag, den wir nicht beiseite räumen wollten. Am Ende spannten sich nur noch die etwa zehn Zentimeter breiten Eisenträger in den schuttfreien Zonen zwischen den Wänden, auf denen wir dann, auch im ersten Stock in für mich damals schwindelnder Höhe balancierten. Als ich es das erste Mal probierte, hatte ich furchtbare Angst. Die anderen Kinder schauten zu und gaben mir gute Ratschläge. Ich wackelte auf dem Eisenträger herum, bis ich schließlich an der gegenüberliegenden Wand ankam. Dort musste ich mich auf dem Träger umdrehen und wieder zurücklaufen. Als ich meine Mutprobe bestanden hatte, jubelten alle und mir fiel ein Stein vom Herzen. Mit der Zeit wurden wir richtige Eisenträgertänzer. Mein Schutzengel wurde damals gehörig strapaziert aber er hielt geduldig seine Hände über mich, wohl wissend, dass er noch schwierigere Aufgaben für seinen schwierigen Schützling zu stemmen haben würde.

Von der Straße aus betrachtet stand rechts von unserem Wohnhaus Höfen 37 vor dem Krieg ein Haus, das nun völlig zerstört und nur noch ein Schutthaufen war. Aber dieser Schutthaufen eignete sich hervorragend für Parkourläufe. Wir sprangen von einem Steinklotz zum anderen, übersprangen tiefe Mulden, um sicher auf dem nächsten Steinklotz zu landen. Wir jagten uns gegenseitig und versuchten uns auf den Steinklötzen zu fangen. Bei diesen sportlichen Herausforderungen entdeckte ich eines Tages mitten im Trümmerfeld einen sechseckigen Eisenstab. Ek häw wat gefund'n, schrie ich, hob den Eisenstab auf und zeigte ihn meinen Spielkameraden und freute mich schon auf die Pfennige, die ich vom Schrotthändler für das schwere Stück Eisen bekommen würde. Die erfahreneren, älteren und klügeren Jungs brüllten sofort: Pitter, dat is eene Brandbombe! Lott die blos nich fallön! Und sie beschlossen einheitlich, dass ich sie zur Explosion bringen sollte. Da ich der Jüngste war, blieb mir nichts anderes übrig, als mich zu bewähren. Ich hatte die einmalige Chance mich mit einem Schlag auf der langen Karriereleiter vom einfachen Straßenkind zum Helden hinauf zu katapultieren, besser gesagt: hinauf zu bomben. Nach Anweisung meiner Spielkameraden sollte ich die Bombe im hohen Bogen auf das Trümmerfeld und mich nach dem Abwurf sofort auf den Boden werfen. Aber zuvor wollten sie sich noch in Sicherheit bringen. Also rannten sie hinter einen Steinhügel, lugten über den oberen Rand zu mir rüber und überließen mich meiner Heldentat und warteten. Ich hatte einerseits mächtig ‚Driet en de Box', andererseits war ich stolz ein Held werden zu können: Peter, der das Trümmerfeld aus den Angeln hebt! Es fügte sich aber gut zusammen, was zusammen gehört: Mut und Angst. Die Angst verhindert, dass der Mut zu groß wird und irgendwann ins Unglück führt. Angst ist die Bremse, die das Risiko minimiert. Ich stellte mir vor, wie eine infernalische Explosion die Steinklötze und die Fundamente dieses Hauses in die Luft schleudern würde. Ich hielt die Bombe fest in der Hand und ... warf sie, so weit ich konnte, in das Trümmerfeld und mich auf den Boden und wartete zusammen mit meinen Kameraden ... Doch anstatt, dass ein Inferno tobte, passierte nichts, nichts explodierte, Stille über den Trümmern. Nach einer Weile krochen meine Freunde enttäuscht aus ihrem Versteck hervor und kletterten über das Trümmerfeld ins Zielgebiet des Bombenabwurfs, um die Bombe zu suchen und das Ganze noch einmal wiederholen zu lassen, fanden aber die Bombe nicht, obwohl sie jeden Spalt gewissenhaft absuchten. Auch sie, die erfahreneren, älteren und klügeren Helden wussten offensichtlich noch nicht, dass Brandbomben anders ticken als normale Bomben: Sie zünden ohne Explosion und setzen das brennbare Umfeld in Brand. Erst nach zwei bis fünf Minuten explodieren sie, um zu verhindern, dass das Feuer gelöscht wird. Aber auch nach zwei bis fünf Minuten explodierte meine Bombe nicht. Ek glööf, die is wech, vermutete ich richtig. Wahrscheinlich hatte sie mein Schutzengel an sich genommen, noch bevor sie zünden konnte. Sie war einfach nicht mehr zu finden. Gott sei Dank!

Collie, Eckstein und Overstolz

Richtige Männer rauchten damals. Entweder sammelten sie Zigarettenkippen auf der Straße, deren Tabakinhalt wieder zu ganzen Zigaretten zusammengefügt wurde oder sie drehten sich die Zigaretten selbst, wie mein Vater, in dem sie sich Tabakblätter besorgten, oder sogar selbst anpflanzten, diese trockneten und fein zu Zigarettentabak zurechtschnitten. Oder sie waren so wohlhabend, dass sie sich die Zigaretten auf dem Schwarzmarkt besorgen, später auch regulär kaufen konnten. Zigaretten bildeten eine Art Schattenwährung auf dem Schwarzmarkt. Eine Zigarette entsprach ganz grob einem Geldwert von ungefähr zehn Reichsmark. Wir Kinder sammelten die Zigarettenschachteln, die die Erwachsenen, vor allem die englischen Soldaten, weggeworfen hatten. Um an möglichst viele Raritäten zu kommen, außer an die Allerweltsmarken wie Collie, R6, Eckstein, Overstolz und Juno, stiegen wir sogar hinab ans Wupperufer unterhalb der Schwebebahn, wo viele Männer ihre leeren Zigarettenschachteln ohne Skrupel hinunterwarfen. Und wenn wir dann am Ufer der Wupper eine Chesterfield oder eine Philip Morris ergattern konnten, waren wir überglückliche Finder. Wir fühlten uns wie Schatzsucher. Aus den Schachteln schnitten wir die Vorder- und Hinterseite heraus und wenn sich von diesen Karten ein ganzer Stapel angesammelt hatte, spielten wir unser Kartenspiel. Wir hielten die Zigarettenschachtelkarten verdeckt und einer nach dem anderen legte eine Karte mit dem Bild nach oben auf eine Unterlage. Legte der nachfolgende Spieler die gleiche Karte auf, wie sein Vorgänger, bekam er den ganzen ausgespielten Stapel. Vor dem Spiel wurde natürlich sichergestellt, dass alle Spieler gleich viele Karten und gleich viele Seltenheiten ins Spiel einbrachten. Jeder durfte aussteigen wann er wollte. Wenn wir keine Karten mehr hatten, gingen wir wieder sammeln. Auch spielten wir mit Murmeln, die in Oberbarmen ‚Heuern‘ heißen. Heuern waren damals kleine Tonkügelchen, die in allen Farben angemalt waren und mit der Zeit abgenutzt nur noch in ihrer naturbraunen Farbe über das Spielfeld rollten. Aber an Heuern heranzukommen, wenn man kein guter Spieler war, war schon schwieriger. Man musste sie sich kaufen. Vor der Währungsreform bekamen wir noch kein Taschengeld, da mussten wir uns einige Pfennige beim Schrotthändler verdienen, dem wir alles Eisen, Bleirohre, aber auch Kupferdrähte von den Stromleitungen in den Ruinen brachten. Oder wir tauschten Zigarettenschachteln gegen Heuern. Oder Bucheckern, die man eigentlich zu Hause abliefern sollte, weil man dafür beim Händler Öl bekam, gegen Heuern. Das Nachkriegs-Beschaffungswesen funktionierte damals nicht nur bei den Erwachsenen, sondern auch bei uns Kindern. Wir guckten es den Großen ab. Die Kinder vom Höfen waren ein unauffälliger, bunter Haufen, wie auch die Erwachsenen, wenn man von Spediteur Haarhaus und vom Eigentümer der Phönix-Brauerei Gebr. Oberhoff im Höfen 7, der sein ‚Höfenquell‘ in den umliegenden Wirtschaften verkaufte, einmal absieht. Nur wenige Kinder zogen unsere besondere Aufmerksamkeit auf sich: Es waren die Kinder, die ‚reiche Verwandte in Amerika‘ hatten, wie alle sagten. Vielleicht hatten sie auch nur einen Tommy-Soldaten als Onkel daheim bei ihrer Mutter, aber das wussten wir nicht. Die kamen mit Glasheuern daher, spielten natürlich nicht damit, sondern gaben nur damit an. Unsereins konnte – wenn überhaupt - einen Holzroller sein Eigen nennen, während diese Angeber die ersten Metallroller mit aufpumpbaren Gummirädern, die wir ‚Ballonroller‘ nannten, besaßen. Oder sie fuhren mit einen ‚Wipproller‘ demonstrativ an uns Habenichtsen vorbei, mit einen Roller, der auf der Trittfläche eine Wippe hatte. Diese Wippe drückte man mit einem Fuß hinunter, während der andere Fuß auf der Trittfläche hinten stand, ließ die Wippe wieder nach oben schnappen und trat sie wieder hinunter. Mit jedem Hinunterdrücken beschleunigte sich der Roller über ein Zahnstangengetriebe. Man hatte also mit keinem Fuß Bodenkontakt und diese Dinger waren blitzschnell. Einen Jungen nannten wir ‚Ami‘. Der lief immer mit einer provozierenden Jockey-Mütze herum und besaß einen echt ledernen Fußball. Ich hatte zu diesen Exoten unter uns Kindern ein gespaltenes Verhältnis. Einerseits bewunderte ich sie, weil sie ein so tolles Spielzeug hatten und freute mich, wenn ich mal mit dem Wipproller fahren durfte, wenn auch nur bis zur nächsten Häuserecke und zurück. Andererseits ärgerte es mich, dass diese Jungs ihren Reichtum erbarmungslos ausspielten: Wenn du mir dies oder jenes gibst, dann darfst du zweimal mit meinem Wipproller fahren. In diesem Stil handelten sie mit uns. Der ‚Ami' wollte immer der große Bestimmer sein. Was sollten wir tun? Die Kluft zwischen unserer Armut und seinem ‚Reichtum' machte uns Habenichtse erpressbar. Wir tanzten also nach seiner Pfeife ... und durften dafür mit seinem Ball Fussball spielen. Und so schlich sich der Kapitalismus heimlich und unerkannt in die Kinderschar aus dem Höfen hinein. Welch ein Glück, dass dies der Barmer Friedrich Engels nicht mehr erleben musste.

Ich wurde ein i-Dötzken

Im April 1948 begann für mich der Ernst des Lebens. Ich wurde in die Katholische Volkschule in der Wichlinghauser Straße eingeschult, einem roten Klinkerbau mit vielen, vielen Klassenzimmern. Ich hieß den Ernst des Lebens herzlich willkommen, denn in der Schule bekam man - so wusste ich - nicht nur Lesen und Schreiben beigebracht, sondern bekam auch Kaugummis, Suppe und Klömkes[5], wie ich es aufmerksam beobachtet hatte, wenn mein Bruder wieder einmal mit einem Quäkerpaket aus der Schule nach Hause kam. An eine Schultüte am Einschulungstag kann ich mich nicht erinnern, es wäre sowieso nichts drin gewesen. Aber wir bekamen eine tolle Lehrerin, das Fräulein Disselkamp, die allergrößten Wert auf die Anrede „Fräulein" legte. Fräulein Disselkamp war schon in die Jahre gekommen. Nach dem Krieg herrschte Lehrermangel, weil Lehrer mit Nazivergangenheit erst einmal vom Dienst entfernt wurden. Da stellte man gerne Lehrkräfte ein, die eine ‚saubere' Vergangenheit hatten, aber in ihrem Alter heute schon längst

---

5 Bonbons

in Rente wären. Fräulein Disselkamp hatte in den zwanziger Jahren schon meine Mutter unterrichtet und meine Mutter war froh, dass ich bei ihr in der Klasse 1a die ‚Schulbank drücken‘ durfte. Wir waren in der Klasse zweiundfünfzig Mädchen und Jungen und das Lernen machte mir richtig Spaß. Zum Lernen des Alphabets mussten wir uns oben auf die Schulbank setzen und lernten für jeden Buchstaben eine Arm- oder Beinbewegung. Fräulein Disselkamp stand an der Tafel und zeigte mit einem Stock auf irgendeinen Buchstaben, den wir im Chor aufsagen und gleichzeitig Arme oder Beine entsprechend bewegen mussten. Beim a hoben wir die Arme und formten sie zu einem runden, oben offenen Kreis um den Kopf herum, beim r fuhren wir mit den Beinen Fahrrad, drehten die Arme vor der Brust um eine imaginäre Achse und rollten das r solange wir konnten ohne Luft zu holen. Beim i berührten wir mit den Zeigefinger den Hals unter dem Kinn. So verbanden wir jeden Buchstaben mit einer Gebärde und lernten ihn auf diese Weise leichter und obendrein machte dieses Üben in der Klassengemeinschaft viel Spaß. Im ersten Schuljahr schrieben wir mit einem Schiefergriffel auf einer Schiefertafel, auf der die eine Seite mit Karos und die andere Seite mit Schreiblinien bedruckt war. An der Schiefertafel hing der Lappen, mit dem wir die Tafel trocken rieben, wenn wir sie zuvor mit einem feuchten Schwämmchen abgewischt hatten. Die Texte garnierte ich oft mit Bildchen. Diese waren wegen Platzmangel sehr klein, man konnte sie auch Miniaturen nennen. Aber das Malen auf der Schiefertafel war unpraktisch, weil ich die Bilder immer wieder wegwischen musste. Im zweiten Schuljahr schrieben wir dann mit Schreibfedern in das Schulheft und ich malte mit Blei- und Buntstiften kleine Bildchen dazu. Der gesamte Unterricht war zugleich auch Religionsunterricht. Mein ganzes religiöses Fundament habe ich von Fräulein Disselkamp erhalten. Sie machte das auch sehr einfühlsam und einprägsam. Beeindruckt hatte mich ihre Darlegung vom breiten, flachen und bequemen Weg, der in die Hölle und vom schmalen, steilen und steinigen Weg, der in den Himmel führt. Jeder Mensch müsse sich für einen der beiden Wege entscheiden, ob er sich mit einem Sack voll

Sünden durchs Leben schlagen oder aber ehrlich und aufrecht seinen Weg gehen wolle, was manchmal sehr beschwerlich sei. Mit der Wahrheit hatte ich manchmal ein Problem, wenn zum Beispiel die Erwachsenen etwas anderes wahr fanden als ich. Dann rief ich alle Engel, vor allem meinen Schutzengel, den geplagten, an, dass er mir helfen möge, was meistens aber nicht geschah. Ich malte die beiden Wege gleich in mein Schreibheft. Natürlich wollte ich auch in den Himmel kommen und von nun an nur noch schmale, steile und steinige Wege gehen. Vielleicht gefiel mir deshalb das Buch „Auf Bergeshöhen Deutsch-Afrikas" von 1890, das mir meine Großeltern zum achten Geburtstag schenkten, so gut, weil darin die Erstbesteigung des Kilimandscharo, des höchsten deutschen Berges, auf schmalen, steilen und steinigen und sogar eisigen Wegen beschrieben wird.

Fräulein Disselkamp war auch eine exzellente Heimatkundelehrerin. Ich lernte in meinen vier Jahren Volksschule das Bergische Land von allen Seiten kennen. Ich erfuhr, dass die Barmer bereits um 1540 eine komplette schriftliche Sammlung des Barmer Rechts besaßen, die man ‚Barmer Hofesrolle' nannte. Das war damals so eine Art Geländer für den schmalen, steilen und steinigen Weg gewesen, damit die Leute nicht auf dumme Gedanken kommen konnten. Fräulein Disselkamp brachte eine Nachbildung der Barmer Hofesrolle mit in die Klasse und ich zeichnete dieses Dokument der Barmer Kultur - diesmal großformatig - auf einer ganzen Seite meines Schreibheftes ab. Ich lernte alle Städte im Bergischen Land kennen, Schloss Burg, die Bergischen Sagen, die Wirtschaft im Land, die Sitten der Menschen. Ich zeichnete die Landkarte des Bergischen Landes, die Wappen der Städte, das Wappen der Grafen von Berg, die Wupperkotten, das typische Bergische Fachwerk-Haus mit seinem schwarzen Fachwerk, dem weiß verputzten Gefach, den weißen Tür- und Fensterlaibungen und den grünen Schlagläden. Ich lernte, dass Elberfeld und Barmen lange zwei eigenständige Städte waren und erst 1929 zu Wuppertal zusammengefügt wurden. Ich lernte, wie sich die Wolken im Bergischen Land abregnen, wie der Wasserkreislauf gerade hier stattfindet und dass die Menschen in Wuppertal mit einem Regenschirm auf die Welt kommen. Und weil es soviel Wasser gibt, haben sich im Bergischen Land auch so viele Mühlen, Hammerwerke und Schleifkotten angesiedelt. Ich erfuhr, dass im Bergischen Land 1891 die erste Talsperre Deutschlands, die Eschbach-Talsperre, und zwischen Solingen und Remscheid 1897 die höchste Eisenbahnbrücke Deutschlands, die Müngstener Brücke, gebaut wurden. Wir lernten die Stationen der Bergisch-Märkischen Eisenbahn zwischen Wuppertal und Hagen auswendig aufsagen: Schwelm, Milspe, Gevelsberg, Haspe, Hagen! Ich lernte, dass der Neandertaler, ein Mensch, der in der Eiszeit und ‚Altsteinzeit' bis etwa 8000 v. Chr. lebte (so glaubte man das noch 1948 und so stand es auch in unserem Heimatkundebuch), bei uns im Bergischen Land gefunden wurde. Aber besonders stolz waren wir auf unsere Schwebebahn, die schon 1898 bis 1903 gebaut wurde und auf der Welt einmalig ist. Nebenbei lernte ich auch Rechnen und Schreiben, was auch sehr interessant, aber bei weitem nicht so interessant wie der Heimatkundeunterricht war, mir aber andererseits auch keine Schwierigkeiten

bereitete. Und weil mich das alte Buch von den Bergeshöhen Deutsch-Afrikas so sehr beeindruckte, lernte ich auch die deutsche Frakturschrift gleich mit, so dass ich die alten deutschen Bücher lesen konnte. Ich zeichnete alles in mein Schreibheft mit Vorliebe im Briefmarkenformat und die Noten im Zeichnen waren die zuverlässigsten, die ich durch alle Schuljahre bekam: sehr gut! Aber zurück ins Jahr 1948: Was mein Bruder schon lange mit nach Hause brachte, bekam nun auch ich: Quäkerpakete! Die Quäker in Amerika waren liebe Menschen und spendeten für die hungrigen Kinder in Europa Nudeln, Reis, Trockenmilch und Ähnliches, was mich aber nicht so sehr interessierte. Das erste, was ich in den Quäkerpäckchen suchte, waren die Kaugummis, die die Quäker ebenfalls mit in die Pakete legten. Weniger attraktiv war die regelmäßige Schulspeisung. Das waren Suppen, mal verträglich oder mal unverträglich. Ich erinnere mich noch an die Schokoladensuppe, die wir immer wieder essen sollten. Wenn die Suppe aber zu widerlich war, gingen wir mit unseren Emaillebechern unauffällig auf dem Schulhof spazieren (allein diese gespielte Disziplin hätte die Pausenaufsicht schon stutzig werden lassen müssen!) - und schwupps, landete die Suppe hinter einem Baum auf der Erde am Rande des Schulhofs. Jeder Schüler brachte seinen Emaillebecher mit, der immer einsatzbereit an seinem Schulranzen baumelte.

In Oberbarmen aufzuwachsen hatte einen Nachteil, der mich noch viele Jahre im Leben verfolgte, getreu dem Sprichwort: Was Hänschen nicht lernt, lernt Hans nimmermehr. Die Oberbarmer, die Platt sprechen - und wir Kinder sprachen damals alle Platt - sagen sowohl für ,mich' als auch für ,mir': ,mek', und für ,dich' und ,dir': ,dek'. Giv mek en Küssken, ek häw dek gään! Dieses Platt bewirkte, dass ich nur ein schlechtes Gefühl für die Verwendung des Dativs oder Akkusativs entwickeln konnte und beides im Hochdeutschen verwechselte.

Das Oberbarmer Platt ist in Wuppertal ein eigenständiges Platt und gehört zum niederdeutschen Sprachraum. Ein Oberbarmer kann sich mit einem Menschen aus Herne bestens verständigen. Selbst mit einem Holsteiner kommt ein Platt sprechender Oberbarmer klar. ‚Dat send schleite Tieden‘[6] versteht jeder Schleswig-Holsteiner. Ich lernte das Plattsprechen schnell, zumal meine Oma eine astreine Barmer Plattkallerin war. Auch meine Mutter sprach das Platt, aber nur wenn sie wollte.

Schüler einer ersten Klasse zu sein, war spannend und ich fühlte mich den dummen Kleinkindern entwachsen, wenn da nicht immer wieder die blöden Zweitklässler gewesen wären, die uns bei jeder sich bietenden Gelegenheit ‚i-Dötzken, Sewerklötzken‘[7] nachriefen und uns damit hänselten und furchtbar ärgerten.

---

6 Das sind schlechte Zeiten
7 i-Dotz, Schulanfänger; sewern, sabbern

Die Maikäferplage

Hinter unserem Haus lag ein kleiner Innenhof, dahinter ein eingeschossiger Anbau, in dem eine Familie mit einem Sohn in unserem Alter wohnte, und wiederum dahinter am Hang befand sich ein kleines Wäldchen. Hier spielten wir Räuber und Gendarm oder ich schnitzte mir einen Stock, wenn ich mal wieder keinen hatte. Auch dieses Wäldchen, in dem kleinere Bäume und Sträucher wuchsen, ramponierten wir derart, dass es nach zwei Jahren ziemlich zerrupft aussah. Im Frühjahr erschienen die Maikäfer im Wäldchen, mal weniger, mal mehr, mal richtig viel. Ich weiß nicht mehr, wann wir ein sogenanntes Maikäferjahr hatten, ich weiß nur noch, dass wir in diesem Jahr den Maikäfern keinen Sex gönnten. Sobald sich ein paarendes Maikäferpaar zeigte, holten wir es vom Baum oder Strauch und zogen das Paar auseinander, wobei sich ein weißer Faden zwischen beiden spannte, der aber sehr schnell riss. Wir warfen beide in entgegengesetzter Richtung, damit sie sich nicht mehr finden konnten, dachten wir. Auf diese Weise wollten wir eine Nachkommenschaft verhindern und so einen Beitrag zur Verhinderung von Maikäferplagen leisten. Dass Maikäfer-Männchen die Weibchen bis auf hundert Meter riechen können, wussten wir Kö'öln[8] natürlich noch nicht. Mit größeren Tieren hatten wir wenig Kontakt, weil es nur wenige gab. Die armen Viecher hatten doch auch nichts zu fressen. In der Wupper, die mal grün, mal rot, mal blau aussah, weil die Färbereien ihre Farbbrühen einfach in die Wupper entleerten, gab es keine Fische mehr und was sollten Ratten denn fressen? Es gab doch kaum Abfälle, weil die Menschen alles verwerteten. Hunde konnte man sich nicht leisten. Nur zwei Hunde kannten wir in der Nachbarschaft: den Dackel vom Spediteur Haarhaus, zwei Häuser weiter Richtung Barmen und den Scottish Terrier der ‚Gräfin' im ersten Stock unseres Hauses, die aber keine richtige Gräfin war, sondern nur wegen ihrer Erscheinung von meinen Eltern so genannt wurde.

8 Kötteln, kleine Kinder

Christi Himmelfahrt in Beyenburg

Ich konnte mir unter Christi Himmelfahrt nicht viel vorstellen, ich wusste nur, dass wir an Christi Himmelfahrt Tante Luise, Onkel Willy und ihre beiden Töchter Lotte und Inge in Beyenburg, einem überwiegend katholischen Stadtteil im Osten von Wuppertal, besuchen würden. Außer uns kamen noch andere Onkel und Tanten von unserer großen Verwandtschaft, die verstreut in Barmen und Beyenburg lebten, so dass ihr Haus an Christi Himmelfahrt voll war. Ich freute mich auf solche Verwandtenbesuche; denn sie waren mit Kaffeetrinken verbunden, das heißt, es gab etwas zu essen und zu trinken. Mein Bruder und ich wurden vor Verwandtschaftsbesuchen immer ermahnt, ‚nicht die Innung zu blamieren‘. Ihr redet nur, wenn ihr gefragt seid und esst nicht zu viel, woll?, sagten unsere Eltern ...Wenn wir nicht antworteten, kam prompt die Frage: Habt ihr verstanden? Jou!, war unsere einfache, klare, alles sagende Antwort. Aber in Erwartung mehrerer Stücke Kuchen und Tassen voller Muckefuck war uns dieses Frage- und Antwortspiel ‚drieten‘s egal‘, denn wir wussten genau, dass unsere Eltern in Gegenwart der Verwandten niemals sagen würden: So, jetzt ist Schluss mit essen. Und um ihren ermahnenden Blicken beim Essen zu entgehen, schauten wir sie ganz einfach nicht an. Beim Essen hört schließlich der Spaß auf! An Christi Himmelfahrt machten wir uns also sehr früh zu Fuß auf den Weg nach Beyenburg. Es war wieder einmal eine endlose Wanderung durch Rauental, Oehde, auf der Beyenburger Straße kilometerweit nach Beyenburg. Als wir in den Ort kamen, traute ich meinen Augen nicht. So etwas hatte ich noch nie gesehen: Buden, Schiffschaukeln, ein Kettenkarussell, Hau den Lukas und was weiß ich noch alles. Das sei eine Kirmes, sagte meine Mutter. Der Betrieb ruhte noch; denn wir feierten Christi Himmelfahrt und das hieß: zuerst der Gottesdienst, dann das Vergnügen. In Beyenburg gab es bis zur Säkularisation ein Kloster des Kreuzherrenordens, das 1804 aufgelöst wurde. Aber die Klosterkirche diente nach wie vor als Pfarrkirche des Ortes, die wir zusammen mit Tante Luise und allen Verwandten, die sich in Beyenburg eingefunden hatten, aufsuchten. An das, was in der Kirche passierte, kann ich mich nicht mehr erinnern, nur dass es ein feierlicher Gottesdienst war, mit Weihrauch und vielen Fahnen und vielen Schützen vom Schützenverein. Und als die Kirche zu Ende war, gingen wir auf die Kirmes, dort durfte ich in eine Schiffschaukel steigen und hin und her schwingen. Mir hatte aber niemand erklärt, wie man richtig schaukelt. So schwang ich hin und her und an den Wendepunkten der Schaukel verlor ich immer wieder die Bodenhaftung, so dass ich um ein Haar aus dem Schiffchen rausgeflogen wäre. Schließlich setzte ich mich hin und wartete, bis das blöde Ding zum Stehen kam. Beim Aussteigen schwor ich mir, nie wieder in eine Schiffschaukel zu steigen. Ich war ja nicht lebensmüde. Mama schoss an einer Bude mit dem Luftgewehr auf Blumen, Schraubenzieher und auf alles, was ihr vor die Flinte kam und räumte kräftig ab. Gut zielen habe ich von Opa geerbt, erzählte sie uns immer. Opa war früher ein perfekter Schütze und in seinem Verein mehrmals Schützenkönig gewesen. Der neue Schützenkönig wurde in Beyernburg immer an Christi Himmelfahrt ermittelt. Es war der Schütze, der am besten schießen konnte, erfuhr ich und ich bewunderte die Schützen, die nach dem Wettschießen in prächtigen grünen Uniformen und Fahnen in einem Umzug durch den Ort zogen. Ganz vorne schritt stolz und kerzengerade der neue Schützenkönig mit vielen goldglänzenden Orden geschmückt, die bei jedem Schritt klapperten und auf dem Kopf trug er einen großen grünen Hut mit langen Federn, die beim Ausschreiten auf- und abwippten. Am Nachmittag gingen wir zu Tante Luise zum Kaffeetrinken. Tante Luise und Onkel Willy besaßen einen großen Tisch, an dem alle Verwandten Platz fanden. Es gab zwei Buttercremetorten, die mit ,guter Butter' gebacken worden waren. Hier zeigte sich, was eine gute Verwandtschaft wert ist: Die Tanten versorgten Tante Luise in Beyenburg vor dem Fest mit allem, was man für eine Buttercremetorte benötigte. Schließlich feierten wir Christi Himmelfahrt und für unseren Herrgott war uns jeder Aufwand recht! War das ein Anblick! Farbig waren sie, mit grünem, rotem, blauem Zuckerguss verziert. Es gab auch Sandkuchen und Rodongkuchen[9] mit Rosinen. Aber nach einem Stück Buttercremetorte waren mein Bruder und ich erst einmal satt. Wir legten eine Pause ein, bis wir uns an den Sandkuchen wagten. Danach war uns fast übel und wir blamierten die Innung nicht weiter. Unsere an ein paar Kartoffeln und dünne Erbswurstsuppen gewohnten Mägen vertrugen diese handfesten Kuchen nicht. Die Erwachsenen tranken guten Bohnenkaffee, wir Kinder bekamen zur Feier des Tages sogar Kakao oder Milch zu trinken. Es war wirklich ein großes Fest. Auf dem Tisch stand eine große Dröppelmina, die bergische Kaffeekanne, die fleißig in eine Tasse hinein dröppelte, damit auch kein Tropfen Kaffee verloren ging. Als alle satt waren und alles Wichtige erzählt war, wanderten wir gut gestärkt wieder nach Hause und ich fand, dass Christi Himmelfahrt ein toller Feiertag sei und freute mich schon auf Christi Himmelfahrt im nächsten Jahr.

---

9 hochdeutsch: Rodonkuchen

Die Puddingschüsseln

Zuhause angekommen, holte uns das einfache Leben wieder ein. Nein, gehungert haben wir in den schleiten Tieden nicht, weil unsere Mutter mit ihrem Organisationstalent und dem Ideenreichtum und auch dank alter Rezepte aus dem, was man an einfachsten Lebensmitteln hatte oder sich besorgen konnte, ein einigermaßen nahrhaftes und schmackhaftes Essen zaubern konnte. Klar, dass wir nach dem Essen unsere Teller ablecken mussten. Das gehörte einfach zur Mahlzeit dazu. Es gab bei uns keinen Abfall. Alles wurde verwertet. Unsere Vorfahren in der Steinzeit, die Neandertaler, - so hatte ich es bei Fräulein Disselkamp gelernt - füllten sich ihre Mägen mit gesammelten Früchten und Kräutern, die Männer jagten und grillten Tiere. Wir Kinder mussten es den Kindern der Neandertaler gleichtun, nämlich Früchte und Kräuter sammeln. Das war kein Problem. Wir gingen auf die Wiesen und aßen Sauerampfer, Gänseblümchen und Vogelmiere. Damals kannten wir uns in der Welt der Kräuter gut aus. Im Herbst sammelten wir Pilze, Hagebutten, Bucheckern und Mehlbeeren. Im Wald gab es auch Himbeeren, Waldbeeren, Preiselbeeren und Brombeeren. Für eine bestimmte Menge Bucheckern bekam man beim Händler sogar Öl. Wir pflückten Holunderbeeren und unsere Mutter kochte Säfte und Marmeladen. Der Gipfel an Genuss war, auf ein Marmeladenbrot Milchschmand zu legen. Den Schmand schöpften wir von der gekochten und einige Stunden abgestandenen Vollmilch ab, ein Verfahren, dass im Zeitalter der ewig haltbaren und pasteurisierten Milch leider nicht mehr möglich ist. Im Herbst, wenn die Äpfel reif wurden, kochte unsere Mutter ,Himmel und Erde', meistens ohne Blutwurst. Es war selbstverständlich, dass wir unserer Mutter beim Verarbeiten von Obst und Gemüse helfen mussten. Das haben wir auch ohne Murren getan. Wir rührten stundenlang Pflaumenmus, kratzten Hagebutten aus, entfaserten grüne Bohnen, schnitten die Enden ab und schnippelten sie in einer Schnippelmaschine mit einer Handkurbel klein. Andere Menschen feierten vielleicht nicht Christi Himmelfahrt, hatten aber auch ab und zu ihr besonderes Essens-Highlight. Zum Beispiel die Familie im Hinterhaus. Die stammte aus einer Adelsfamilie und hatte sicher gute Kontakte zu Bauern. Wenn bei ihr das ‚große Fressen' anstand, standen auf der Fensterbank zum Innenhof zwei riesengroße Schüsseln mit Vanillepudding für drei Personen, für Vater, für Mutter und für den Sohn. Mein Bruder und ich konnten uns am Anblick dieser ausschweifenden Festmahlankündigung kaum sattsehen. Uns lief das Wasser im Mund zusammen. Zwei Riesenschüsseln voll mit leckerem Pudding! Sie standen draußen vor dem Fenster zum Abkühlen, unerreichbar für uns. Es musste wohl so wie bei Tantalos gewesen sein, den ich damals noch nicht kannte, obwohl meine Volksschullehrerin, Fräulein Disselkamp, alles für unsere Allgemeinbildung tat. Dieser kam nämlich auch nicht an die verlockenden Birnen, Granatäpfel und süßen Feigen herankam. Ich bin sicher, dass wir uns damals sehr wohl überlegt hatten, ob wir nicht doch aus einer der beiden Schüsseln naschen könnten. Aber es gab zu viele potentielle Zuschauer. Fast alle Bewohner unseres Hauses konnten auf die Puddingschüsseln schauen und waren vielleicht auch vom Anblick der Schüsseln gefesselt: die ‚Gräfin', die im ersten Stock zusammen mit ihrem Bruder und dem lieben schwarzen Scottish Terrier knapp oberhalb der Puddingschüsseln lebte, unsere Nachbarin im zweiten Stock, die schnippige, giftige Frau des Kunstmalers oder die Frau des Italieners im dritten Stock, deren Mann als Maler, Putzer und Fliesenleger ebenfalls wie Papa beim Blauen arbeitete und dessen Frau gegen Monatsende oft kein Geld mehr hatte und sich deshalb bei Mama regelmäßig welches lieh. Auch die Frau, die nebenan wohnte und mit der Mama im Dauerstreit lag, konnte bestens auf die Schüsseln schauen. Das wäre für sie ein gefundenes Fressen gewesen, uns beim Puddingklau zu erwischen. Nur die fünfköpfige Familie im Erdgeschoss, die aus Böhmen geflohen war, konnte zwar die Schüsseln sehen, aber nicht hineinblicken. Den Kindern dieser Familie blieb somit der Anblick auf das paradiesische Gericht und ein eventuell aufkommender Heißhunger erspart. Nein, unsere Tat, den Pudding zu entführen, wäre nicht unentdeckt geblieben. Wir sahen ein, dass es nur ein schöner Traum sein konnte. Die Familie im Hinterhaus sah nebenbei bemerkt auch so aus wie ihr Pudding in der Schüssel: schön rund und etwas wabbelig - und das in den schleiten Tieden!

Milch wurde mit Lebensmittelkarten rationiert. Woher unsere Hinterhausbewohner an so viel Milch kamen, war uns schleierhaft, wie vieles in der damaligen Zeit, in der die guten Beziehungen und der Schwarzmarkt blühten. Meine Mutter schickte mich mit den Lebensmittelkarten regelmäßig zum Milchmann. Gang ens ewen zom Melkmann, sagte sie. Ich ging mit unserer Aluminium-Milchkanne zum ‚Melkmann'. Ich bewunderte diesen freundlichen Menschen, wie er mit einer Perfektion und enormer Geschwindigkeit mit einem Viertel-Liter-Schöpfkrüglein, aus verzinktem Blech, die Milch aus einem großen Milcheimer in die Milchkannen der Kunden schöpfte. Obwohl das ratzfatz ging, musste ich mich immer in eine Menschenschlange einreihen. Aber in dieser Schlange stehend, konnte ich den Milchmann beobachten und seine Fertigkeit bewundern. Das war sehr kurzweilig. Ein Spielkamerad aus dem Höfen nahm auf der Straße erst einmal einen kräftigen Schluck aus der Milchkanne, ehe er nach Hause ging. Auf so eine Idee wäre ich nie gekommen, denn wenn ich das gemacht hätte, hätte es zu Hause mit Sicherheit Ärger gegeben.

Der alte Haarhaus

Wenn es draußen mal wieder ‚am Plestern[10]‘ war und ich meine Hausaufgaben schon gemacht hatte, überlegte ich, was ich
nun tun könnte: entweder weiter in der Nase bohren oder zum
Beispiel mit den anderen Kindern den alten Haarhaus aufsu-
chen. Ich entschied mich gerne für den alten Haarhaus, denn
der war nicht nur der Chef der Spedition Haarhaus im Höfen,
sondern auch ein netter alter Mann, der uns Kinder mochte.
Wir besuchten ihn aber nicht nur, weil er sehr nett, sondern
auch ein leidenschaftlicher Briefmarkensammler war. Er war
sogar ein richtiger Profi unter den Sammlern. Wenn er gerade
Zeit hatte - und er hatte fast immer Zeit für uns - holte er seine
Briefmarkenalben aus dem Schrank und zeigte uns seine Raritäten. Wir Kinder lauschten seinen Erklärungen über seltene
Marken, über wunderschöne Motive, über Fehldrucke, über uns
unbekannte Länder. Auf seinem Globus, der seinen Schreibtisch
zierte, zeigte er uns die Heimat der Briefmarken. Wir staunten
über die vielen Länder, die es auf der Erde gab. Von den meisten hatten wir noch nie etwas gehört und er zeigte uns auch,
wo Wuppertal auf der runden Erdkugel liegt. Wir schauten in
sein Vergrößerungsglas, konnten Details einer Briefmarke erkennen, die verschiedenen Arten von Zähnen bewundern. Am
Ende unserer Besuche bei ihm holte er seinen großen Papier-
korb hervor und suchte die Briefumschläge heraus, die mit
bunten Briefmarken aus der ganzen Welt beklebt waren und
schenkte sie uns. Auf dem Heimweg fühlten wir uns wie Besitzer eines großen Schatzes, was dazu führte, dass wir immer wieder den alten Haarhaus besuchten. Ich habe heute den
Eindruck, dass ihm die Kinderbesuche wirklich Spaß gemacht
hatten. Vielleicht war er auch froh, wenn er uns eine Weile von
der Straße wegholen konnte. Er kannte uns ja schließlich und
das, was wir so auf der Straße trieben. Im Laufe der Zeit hatte jeder von uns Kindern eine stattliche Briefmarkensammlung
beisammen. Da wir aber nicht so wie der alte Haarhaus ein

---

10 regnen

Briefmarkenalbum besaßen, kauften wir uns ein Schreibheft, dazu braunes Klebepapier, schnitten schmale Klebestreifen heraus, knickten diese in der Mitte, klebten die eine Seite auf die Rückseite der Briefmarke und die andere ins Heft. So reihte sich Briefmarke an Briefmarke und wir wurden mit jeder vollen Seite stolzer und stolzer. Leider hatte uns der alte Haarhaus nicht in die Praxis des professionellen Briefmarkeneinordnens eingeweiht. Damit hätte er viel Schaden vermeiden können. Denn es kam, was kommen musste. Eines schönen Tages bekam man eine Briefmarke, die in einer Reihe noch gefehlt hatte, für die aber kein Platz mehr vorhanden war. Also rissen wir die Briefmarken wieder heraus, um sie neu einzuordnen und einzukleben. Nachdem wir das zig mal gemacht hatten, waren viele Briefmarken in der Mitte beschädigt, oft sogar löchrig. Damit waren sie wertlos geworden. Wir vernichteten auf diese Weise komplette wertvolle Sätze, wie die Lübecker Glasfenster, die Freiheitsglocke Berlin, Klöppel links, Klöppel rechts und Klöppel in der Mitte, und so weiter und so fort. Es war ein Jammer, was wir mit den Marken angestellt hatten. Auch mein Vater, der selbst einmal Briefmarken gesammelt hatte und ein strenger Vater war, schlug nicht auf den Tisch und verbot uns unser dilettantisches Treiben. Später tat es mir leid, dass wir in unserer Ahnungslosigkeit solche Werte vernichtet hatten.

Der alte Haarhaus besaß einen Hund, einen Dackel, der so aussah und lief wie er selbst. Natürlich war der Dackel auch so lieb wie sein Herrchen und wir Kinder streichelten ihn so oft wir konnten. Nur in einem Punkt verstand der alte Haarhaus keinen Spaß: Wenn wir in der verkohlten Ruine spielten, die gegenüber von unserem Wohnhaus Höfen 37 auf der anderen Straßenseite stand und die ihm gehörte. Wenn er uns dort beim Spielen erwischte, schimpfte er lautstark und vertrieb uns aus unserem Paradies mit der Drohung, er würde mit unseren Eltern sprechen, wenn wir nicht augenblicklich die Ruine verlassen würden. Dieses Argument überzeugte uns. Wir wollten es uns mit dem alten Haarhaus nicht verderben, suchten lieber das Weite und mieden die Ruine - zumindest eine Zeit lang.

Gottesdienst und Christenlehre

Es war in unserer Familie selbstverständlich, dass wir jeden Sonnatg in die Messe gingen. Aber das reichte nicht, wenn wir gute Katholiken werden wollten. Ich ging mit meinem Bruder am Sonntagnachmittag auch noch in die Christenlehre und waren damit zur Freude unserer Eltern von der Straße weg. Die Christenlehre war so eine Art Religionsunterricht mit dem Herrn Pfarrer, aber zugleich auch Andacht. Jede Christenlehre begann mit dem Lied :

,Komm, Schöpfer Geist, kehr bei uns ein,
besuch das Herz der Kinder dein,
erfüll uns all mit deiner Gnad,
die deine Macht erschaffen hat.'

Da ich auch heute noch die ersten drei Strophen auswendig singen kann, haben wir wohl immer drei Strophen gesungen. Manchmal endete die Christenlehre auch mit einem ,Tantum ergo'. Das war ein feierlicher lateinischer Gesang:

,Tantum ergo sacramentum
veneremur cernui,' – und so weiter.

Ich verstand zwar nicht was ich sang, aber ich sang kräftig mit, wahrscheinlich nur der Spur nach richtig, nein, ich sang falsch. Aber es war sehr feierlich. Zum Schluss segnete uns der Herr Pfarrer mit der Monstranz, also mit dem Allerheiligsten, dem Leib Christi. Da ich zu den Kleinen zählte, hatte ich den Vorteil, dass man von mir in der Christenlehre auch nichts wissen wollte. Keine Fragen vom Herrn Pfarrer, kein Hervortreten, kein Vorlesen von Bibeltexten. Ich glaube ich habe in der Christenlehre nicht viel gelernt, jedenfalls habe ich bei Fräulein Disselkamp mehr gelernt als beim Herrn Pfarrer. Meine Mutter achtete immer darauf, dass ich den religiösen Pflichten nachkam. Und deshalb gab es auch keine Diskussion, ob man in die Christenlehre gehen sollte oder nicht. Man ging, ohne wenn und aber.

Gerne gingen wir Kinder in die Kindermesse, die regelmäßig einmal im Monat wie jede Sonntagsmesse in der Aula des Carl-

Duisberg-Gymnasiums stattfand, weil unsere Pfarrkirche von St. Johann Baptist auf Oberbarmen noch vom Krieg beschädigt war und nicht betreten werden durfte. Da die meisten Kinder aus armen Familien kamen und sich kein Gebet- und Gesangbuch leisten konnten, hatte unser Herr Pfarrer eine sehr soziale Idee: Er verschenkte Gebetbücher, aber nicht einfach so, sondern an die besten Zuhörer unter den Kindern. Er stellte uns Fragen über bekannte Frauen und Männer aus der Bibel und natürlich über Jesus, seine Wunder und seine Lehren, über die zuvor der Herr Pfarrer im Gottesdienst gesprochen hatte, in den Lesungen, im Evangelium oder in der Predigt. Und das Kind, das zuerst den Finger streckte und richtig antwortete, bekam ein Gebetbuch geschenkt. Er machte das ganz raffiniert. Er erzählte und erzählte und stellte ganz plötzlich eine Frage. Wer da geschlafen hatte, hatte Pech gehabt. Es wurden in einer Kindermesse immer fünf Bücher verschenkt, die fünf Kinderherzen glücklich machten. Wer hatte sonst schon ein eigenes Gebetbuch? Nicht einmal alle Erwachsenen! Aber mein schlauer Bruder, der drei Jahre älter ist als ich und viel wusste und ganz schnell den Finger strecken konnte, bekam natürlich eins und hatte nun ein wunderschönes, nigelnagelneues, blitzsauberes, eselsohrenfreies Gebetbuch. Ich dagegen war wütend! Was konnte ich denn dafür, dass ich so klein war und keinen Evangelisten kannte und auch keinen Paulus und erst recht keinen barmherzigen Sama-Ritter. Fräulein Disselkamp hatte uns zwar schon einmal von Rittern und Raubrittern erzählt, aber noch nie von Sama-Rittern. Aus dem Religionsunterricht von Fräulein Disselkamp wusste ich, dass man den schmalen, steilen und steinigen Weg gehen müsse, um in den Himmel zu kommen. Aber das hatte der Herr Pfarrer nie wissen wollen. Ich kannte aus der Bibel Maria, Josef und Jesus, der in Bethlehem geboren war und aus dem Heimatkundeunterricht kannte ich einige berühmte Persönlichkeiten, die in Barmen geboren waren: Zum Beispiel Friedrich Bayer, Carl Duisberg und Ferdinand Sauerbruch (den Friedrich Engels hatte uns Fräulein Disselkamp verschwiegen). Aber von denen wollte unser Herr Pfarrer ebenfalls nichts wissen. Ich aber wollte auch so ein schönes

Gebetbuch und hatte keine Chance, eines zu bekommen. Das fand ich ungerecht, aber ich hatte gelernt mit Kummer selbst fertig zu werden, nun sogar in der Kirche ...

Aber das ‚Märchen vom ungerechten Pfarrer' hatte doch noch, wie jedes gute Märchen, ein tröstliches Ende:
Der schlaue, große und liebe Bruder, der in der Kindermesse immer gut aufpasste, viel wusste und ganz schnell den Finger strecken konnte, bekam vom Herrn Pfarrer nicht nur ein Gebetbuch geschenkt, nein, irgendwann wieder eines. Und er nahm das zweite Buch und schenkte es seinem kleinen Bruder, dem lieben Stöckskespitter. Und der Pitter freute sich sehr und war nun auch im Besitz eines wunderschönen, nigelnagelneuen, blitzsauberen, eselsohrenfreien Gebetbuches und nahm es fortan mit in die Heilige Messe, sang und betete fleißig daraus, so lange, bis das zweite Vatikanische Konzil das Latein abschaffte, den Pfarrer am Altar um 180 Grad drehte und die Liturgie änderte und deshalb neue Gebetbücher gedruckt werden mussten. Aber da der Pitter das Gebetbuch immer gut behandelt hat, lebt es auch noch heute.

Mäten es en goden Mann

Der Herbst 1948 war in Oberbarmen eingezogen, es wurde morgens erst spät hell und abends schon früh dunkel und unsere Spielzeiten auf der Straße wurden entsprechend kürzer. Unsere Lehrerin, Fräulein Disselkamp, erzählte uns Anfang November vom Heiligen Martin. Den schien sie zu mögen; denn sie erzählte uns von ihm im Rechenunterricht, im Deutschunterricht und natürlich auch im Religionsunterricht, der sich damals in ‚Biblische Geschichte' und ‚Katechismus' aufteilte. Fräulein Disselkamp trennte den Lehrstoff nicht streng. Religion war ein Bestandteil aller Fächer, egal ob Deutsch oder Heimatkunde oder Rechnen. Sie praktizierte einen ganzheitlichen, christlich geprägten Unterricht. Der Heilige Martin, so sagte sie, lebte in der Zeit, als die Römer Christen wurden, und war ein junger Soldat, verweigerte aber später den Wehrdienst, weil sich das – so Martin – mit der christlichen Lehre nicht vertragen würde. Er lebte dann als Einsiedler, gründete ein Kloster in Gallien und führte ein sehr einfaches Leben. Er kümmerte sich um die Armen und war deshalb im Volk sehr beliebt. Nachdem der Bischof von Tours gestorben war, sollte ein neuer eingesetzt werden. Aber das Volk wollte ihn nicht. Die Menschen gingen auf die Straße und forderten, dass Martin der neue Bischof werden solle. Und Martin wurde tatsächlich Bischof, aber viele andere Bischöfe und der Klerus waren dagegen, weil Martin in Sack und Asche herumlief und nicht so prunkvoll wie sie, die sich nun von Martin bloßgestellt fühlten. Beim Volk war Martin aber als gerechter, treusorgender Bischof beliebt und wurde nach seinem Tode sogar heilig gesprochen. Wir Schüler der Klasse 1a fanden, dass der Heilige Martin einer von uns war, arm und fromm, und fieberten dem 11. November entgegen; denn an diesem Tag sollte es abends einen Laternenumzug geben, wo der Heilige Martin auf seinem Pferd den Kindern voran reiten und auf der großen Kreuzung Berliner Straße – Schwarzbach – Rittershauser Straße einem Bettler seinen halben Man-

tel schenken würde. Und anschließend dürften wir ‚Mäten‘[11] singen gehen, sagte Fräulein Disselkamp. Sie bastelte mit uns Laternen. Dazu schnitten wir aus Karton den Boden und die Laternenwände aus, schnitten in die Wände Mond und Sterne hinein, klebeten dahinter transparentes, farbiges Papier und klebten Wände und Boden zusammen. Oben befestigten wir einen gebogenen Draht für den Laternenstecken und stellten eine Kerze hinein. Am Abend des 11. November befestigte ich meine Laterne an meinem Stöcksken und ging ich mit ihr und meinem Bruder und einigen Freunden von der Straße zum Laternenumzug und sangen dort ein Martinslied nach dem anderen. Auf der großen Kreuzung sahen wir, wie der Heilige Martin beim Bettler anhielt, seinen Mantel teilte und dem Bettler eine Hälfte gab. Dann ritt er weiter und wir sangen ‚St. Martin, St. Martin, St. Martin ritt durch Schnee und Wind, ...‘ und so weiter und anschließend löste sich der Umzug auf. Nun ging es zum Mätensingen. Unser kleiner, einstimmiger Kinderchor vom Höfen suchte abseits des Rummels wahllos eine Haustür in Oberbarmen aus, klingelte und sang auf Platt:
‚Mäten es en goden Mann,
dä us god wat gewen kann,
de Äppel un de Bieren,
Nöte gönnt noch mät em Sack,
Trapp op un aff,
Trapp op un aff!
Donnt mer wat em Nötensack
donnt mer nix danewen
kanns us god wat gewen.‘
Dann warteten wir und tatsächlich ging die Tür auf und wir bekamen einige Klömkes, oder Kekse geschenkt. Dann zogen wir mutig weiter und bekamen meistens nicht viel, aber in der Summe kam doch einiges zusammen und wir freuten uns über die spendablen Oberbarmer. Nach einigen erfolgreichen Gesangsvorstellungen wurde auch ich mutig und gröhlte mit. Wenn es was gibt, lernen Kinder schnell ... Und dann machten

---

11 Martin

doch tatsächlich in einem Haus die Bewohner die Tür nicht auf, obwohl innen Licht brannte! Wir schimpften ... Wir klingelten noch einmal ... Dä Heilige Mäten sollt önk opgebloosene Dösköppe[12] besöken[13]!, rief ein Junge. Gönau!, rief ich hinterher. Und ich sah die Angeklingelten schon mit den Alliierten und den Geschäftsleuten auf dem breiten, flachen und bequemen Weg ins Verderben laufen. Aber das Wort ‚besöken‘ ließ die Möglichkeit einer Bekehrung durch den Heiligen Martin und die Möglichkeit einer Reue der bösen Tat noch zu, so dass immerhin eine gewisse Wahrscheinlichkeit bestand, dass sie doch noch zum schmalen, steilen und steinigen Weg wechseln würden. Wenn aber die besungenen Dösköppe Dösköppe blieben, also, ‚wenn et nix gof‘, dann zogen wir die letzte Waffe aus unserem Gesangsrepertoire heraus:

‚Owen en däm Hemmel,

do steht en witten Schemmel,

do steht drop geschrewen:

Gitzhals! Gitzhals!‘

Manchmal ermahnte uns ein Erwachsener: „Önk dörft nich sonn Blödsinn driewen“. Aber wir waren im Mätensingen-Rausch, rannten weiter und sangen und bettelten, bis unsere Säckchen schließlich voll waren und wir müde. Auf den Dächern der eingeschossigen provisorischen Neubauten zwischen Berliner Straße und dem Bahnhof Oberbarmen, der sogenannten Oberbarmer Ladenstraße, standen einige Geschäftsleute und warfen für uns Kinder Klömkes herunter. Wir sammelten alles auf und manchmal waren richtige Leckerbissen, sogar einmal eine Blutwurst, dabei. Dann gingen wir nach Hause und zeigten unseren Eltern stolz unsere Errungenschaften.

---

12 Dummköpfe

13 besuchen

Der Traum vom brennenden Hund

An Träume kann ich mich in der Regel nicht erinnern, es sei denn, sie wiesen eine außergewöhnliche Handlung auf. Einen solchen Traum hatte ich zum ersten Mal in Oberbarmen. Aber dabei blieb es nicht. Dieser Traum verfolgte mich immer wieder mit der exakt gleichen Handlung: Ich befinde mich auf einem geraden Weg und in der Ferne bellt ein Schäferhund und rennt mit großer Geschwindigkeit auf mich zu. Angst überfällt mich. Ich will weglaufen, bleibe aber versteinert stehen. Seine Augen leuchten und werden immer größer, je näher er kommt und sein Bellen wird immer agressiver. Schließlich sind die Augen groß wie Untertassen und glühen feuerrot und plötzlich, als er mich fast erreicht hat, schießen Flammen aus seinen Augen. Der Hund schreit auf, wälzt sich am Boden und verbrennt vor meinen Augen. Ich stehe noch eine Zeit lang fassungslos vor dem toten Hund, immer noch von der Angst gefesselt. Dann wachte ich auf.

Georg Christoph Lichtenberg meinte: „Ich weiß aus unleugbarer Erfahrung, dass Träume zur Selbsterkenntnis führen." Sollte mir dieser Traum signalisieren, dass, auch wenn die Gefahren noch so groß sind, mein Schutzengel stets die Hände über mich halten würde?

Weihnachten und der Totschläger

Der November verging und das Leben der Kinder spielte sich nun überwiegend in der Schule und zu Hause ab. Mit viel pädagogischem Gespür bereitete uns Fräulein Disselkamp auf Weihnachten vor. Schon im Herbst bekamen alle Schüler den Auftrag, Silberpapier zu sammeln, weil wir damit im Advent arbeiten würden, sagte sie. Silberpapier gab es in Schokoladentafeln, die es nach der Währungsreform zu kaufen gab. Da aber bei uns zu Hause Schokolade ein Fremdwort war, beauftragte ich alle Tanten und Nachbarn und Bekannte, das Silberpapier nicht wegzuwerfen, sondern für mich zu sammeln.

Am ersten Advent stellte Fräulein Disselkamp eine Laterne auf das Lehrerpult und zündete die Kerze darin an. Es war ein Adventskalender. Dann durfte die Klassenkameradin, die am besten lesen konnte, das erste Türchen öffnen und den Text, den sie erblickte, laut vorlesen: ‚Siehe ich stehe vor der Tür und klopfe an'. Sie las noch etwas holprig, aber Fräulein Disselkamp unterstützte sie dabei. Der Text war auf transparentem Papier gedruckt und leuchtete vor dem Kerzenlicht, so dass er deutlich zu sehen war. Fräulein Disselkamp erklärte uns den Text und wir sangen das Lied: ‚Macht hoch die Tür'. Die Geburt Jesu war also nahe und Fräulein Disselkamp eröffnete uns, dass wir kurz vor Weihnachten ein Krippenspiel aufführen würden, zu dem auch unsere Eltern eingeladen würden. Sie wählte bereits Anfang Dezember die Schauspieler aus und ich bekam die Rolle eines der Heiligen Drei Könige zugeteilt. Einen einzigen Satz musste ich auswendig lernen und beim Krippenspiel vortragen: Oh, König der Könige, ich schenke dir Weihrauch, oder so ähnlich. Ich war mächtig stolz, dass ich einen König spielen durfte. Ich war so stolz, dass ich in einer Dezembernacht im Traum, für die ganze Familie hörbar, verkündete: Ich bin König! Mama half mir eine Königskrone aus goldfarbener Pappe zu basteln und fertigte einen Umhang an, um dem König die notwendige Würde zu verleihen. Vierzehn Tage vor Weihnachten sollten wir unser gesammeltes Silberpapier, eine Schere, Nadel und Faden mit in die Schule bringen, weil wir - so sagte uns Fräulein Disselkamp - Christbaumkugeln basteln würden. Wir schnitten aus dem Silberpapier Kreisscheiben in der Größe von Christbaumkugeln heraus, legten fünf Scheiben aufeinander, nähten sie genau in der Durchmesserlinie zusammen, klappten dann die Scheiben auf, sodass die Abstände der Scheiben etwa gleich waren und hatten wunderschöne Christbaumkugeln, die noch heute unseren Weihnachtsbaum schmücken. Als wir mit Basteln fertig waren, falteten wir sie wieder zusammen und ich gab sie zu Hause meinem Vater, der jedes Jahr an Heiligabend den Weihnachtsbaum aufstellte und schmückte. Mein Bruder und ich durften dann das Wohnzimmer bis zum Weihnachtsmorgen nicht mehr betreten.

Wenige Tage vor Weihnachten kam mein großer Auftritt beim Krippenspiel in der Aula der Schule. Ich war aufgeregt wie eben ein Erstklässler aufgeregt ist. Ich konnte meinen Satz zwar richtig aufsagen, sprach aber so leise, dass ihn niemand im Publikum verstand. Die Regisseurin des Theaterstücks, Fräulein Disselkamp, musste immer wieder in das Geschehen auf der Bühne eingreifen, die Hirten, den Engel und die Heiligen Drei Könige zurechtschieben und einigen Schauspielern soufflieren. Am Ende waren wir alle stolz auf dieses wunderschöne Theaterstück und die Eltern klatschten Beifall. Am Heiligen Abend, gingen wir früh ins Bett, weil wir spätestens um halb fünf Uhr in der Aula des Carl-Duisberg-Gymnasiums sein wollten, um diesmal in der Christmette einen Sitzplatz zu ergattern. Wir standen also sehr früh auf und zogen uns warm an. Mein Bruder und ich steckten unsere wunderschönen, aber nicht mehr ganz nigelnagelneuen, blitzsauberen, eselsohrenfreien Gebetbücher in die Tasche und wir gingen und stolperten mit unseren Eltern, noch völlig neben der Kappe, in Richtung unserer Kirchenersatz-Aula im Carl-Duisberg-Gymnasium. Als wir in der Berliner Straße an einer Wirtschaft vorbeikamen, riss eine Frau im Nachthemd vor unseren Augen ein Fenster auf und schrie mitten in den Weihnachtsfrieden und in die Heilige Nacht hinaus: Hilfe, der schlägt meinen Mann tot! Hilfe! Hilfe! Spätestens zu diesem Zeitpunkt war ich glockenhellwach. Hilfe, der schlägt meinen Mann tot! Mein Vater ging nach dem ersten Schreck auf die Frau zu und fragte, was los sei. Der schlägt meinen Mann tot! Ja wer denn? Ein Einbrecher! Sehen sie, er kam von hinten durchs Fenster. In der Wirtschaft war es dunkel und so sehr ich auch schaute, ich sah nichts. Mein Vater bat die Frau ihm die Tür zu öffnen, damit er hineinkommen könne. Sei vorsichtig, sagte noch Mama. Aber in diesem Augenblick kam schon der Wirt langsam aus dem Dunkel der Wirtschaft heraus ans Fenster und erklärte, dass der Einbrecher das Weite gesucht habe und zeigte uns seine Hand: Hier, auf die Hand hat er mich geschlagen, sagte er. Ich aber fand, dass seine Hand wie jede andere Hand aussah. Ich hatte genau hingeschaut, weil ich sehen wollte, was ein Totschläger so anrichtet. Dann erzählte der Wirt haarklein den Ablauf des Einbruchs, wie das Ehepaar Geräusche in der Wirtschaft vernommen habe, wie er vom Schlafzimmer im ersten Stock hinunter in die Wirtschaft geschlichen sei, wie er den Dieb, der sich an der Kasse zu schaffen gemacht hatte, aufgeschreckt habe, wie dieser ihm auf die Hand geschlagen habe und dann durchs Fenster entflohen sei. Meine Eltern redeten dem Ehepaar gut zu und empfahlen, dringend zur Polizei zu gehen. Die Frau war so aufgeregt, dass sie in ihrem dünnen Nachthemd am offenen Fenster keine Kälte zu spüren schien. Wir verabschiedeten uns schließlich, wünschten ein frohes und einbruchfreies Weihnachtsfest und gingen mit forschen Schritten weiter zur Aula. Dort verschwand erst einmal unsere gute Laune. Wenn der Totschläger in der Wirtschaft auch nichts erreicht hatte, so hatte er es aber geschafft, uns soviel Zeit zu stehlen, dass wir auch dieses Jahr wieder keinen Sitzplatz in der Christmette bekamen. Also stand ich mir wieder die Beine in den Bauch. Die Andacht war auch dahin. Mir klang noch ständig der Schrei im Ohr: Hilfe, der schlägt meinen Mann tot! ... Da half nicht einmal das Gebet, das uns Fräulein Disselkamp gelehrt hatte:

‚... Darum alles, was uns trennt
noch von dir und deinem Kommen,
aus dem Herzen sei's genommen, ...'

Der Totschläger trennte mich, wie es Satan persönlich nicht hätte besser tun können, noch von einer Hinwendung zu Gott und wurde vorerst auch nicht aus meinem Herzen genommen, sondern setzte sich dort richtig fest. Ich überlegte, ob der Einbrecher nun auf der breiten, flachen und bequemen Straße schnurstracks in die Hölle wandern würde oder ob er vorab von Kardinal Frings die Absolution erhalten hatte. Aber ‚Fringsen' schloss das Totschlagen nicht mit ein, war ich mir sicher. Erst als der Weihrauch durch die Kirche waberte, die Menschen ‚Oh, du Fröhliche', ‚Menschen, die ihr ward verloren', ‚In dulci jubilo' und zum Schluss ‚Stille Nacht, Heilige Nacht' sangen, verflüchtigte sich der Totschläger vorübergehend aus meinem Herzen. Leider hatte das Von-Einem-Bein-Auf-Das-Andere-Wechseln in der Kirche meinem Körper nicht geholfen. Meine Beine und Füße und mein Rücken taten mir weh; dagegen war - so schien mir - die schmerzende Hand des Wirts ein Driet. Wieder zu Hause angekommen, zogen wir Mäntel und Schuhe aus und mein Bruder und ich mussten gleich ins Schlafzimmer gehen und warten, bis mein Vater mit dem Weihnachtsglöckchen aus Wehrmachtsmaterial klingelte und rief: Ihr dürft kommen!

Die Tür ging auf und wir sahen, wie der Christbaum im hellen Licht erstrahlte. Und in der warmen, aufströmenden Luft über den Kerzen drehten sich meine Christbaumkugeln aus Silberpapier, die dem Baum zusammen mit dem Bleilametta einen feierlichen Glanz verliehen. Dann schielte ich, was unter dem Baum lag und sah zwei große, flache, dunkelgrüne Schachteln

mit der Aufschrift ‚Märklin-Me-
tallbaukasten‘. Aber zum Ritual
der Weihnachtsbescherung gehörte, dass mein Bruder zuerst
die Weihnachtsgeschichte vor-
las, was er, wie schon im Vor-
jahr, sehr würdig und feierlich
tat - und dann durften wir uns
auf die grünen Schachteln stür-
zen. Ich hatte diese Schachtel noch nicht in einem Schaufenster gesehen und wenn ich sie gesehen hätte, wäre ich nie auf
die Idee gekommen, dass uns unsere Eltern ein so tolles Spielzeug schenken würden. Mein Vater musste wohl beim Blauen
doch einige ‚harte‘ Deutsche Mark verdient haben, sonst hätten
wir uns ein solches Geschenk nicht leisten können.

Weihnachten brachte uns Kindern eine Vollbeschäftigung. Der
Metallbaukasten faszinierte uns sehr und wir schraubten die
Einzelteile nach der Vorlage zu einem Auto zusammen und
übten uns als junge Mechaniker. Mit dem Märklin-Metallbau-
kasten konnten wir jetzt viel tollere Modelle bauen als mit dem
einfachen Kasten, den wir letztes Weihnachten bekommen
hatten. Aber trotz Vollbeschäftigung hörte ich im Inneren meines Ohres immer mal wieder die Wirtin rufen: Hilfe, der schlägt
meinen Mann tot!

1949

Wir fuhren Kette

Der Winter 1948/49 ließ nicht lange auf sich warten und brachte endlich den von uns herbeigesehnten Schnee. Als er sich in Wuppertal breit gemacht hatte und auf allen Straßen und Wegen eine dicke Schneeschicht lag, träumten wir vom Schlittenfahren und unsere Eltern kauften mir einen Schlitten, während mein Bruder den wunderschönen Hörnerschlitten besaß, der uns von unseren Großeltern mit den Möbeln in den Westen nachgeschickt worden war. Wir zogen uns die warme Jacke an und die Plömmelsmötsch auf den Kopf und zogen mit unseren Schlitten los. Da Wuppertal, wie der Name sagt, em Dahl, also im Tal liegt, gab es in der Stadt genügend Rutschmöglichkeiten. Oberhalb vom Höfen schlängelte sich die Gildenstraße den Hang auf den Klingholzberg hinauf, von wo wir einen phantastischen Blick auf die Stadt hatten. Eigentlich durften wir Kinder nicht auf den Klingholzberg gehen. Er hatte im Höfen einen schlechten Ruf. Dort wohnten nach Meinung der Leute die Obdachlosen und Arbeitslosen Oberbarmens in Baracken. Wir gingen dennoch hinauf. Wir wollten ja auch nicht mit den ‚Schmuddelkindern' spielen, sondern Schlittenfahren. Und da fast alle Kinder den gleichen Zeitvertreib suchten wie mein Bruder und ich, waren sehr schnell zehn oder zwanzig Jungen und Mädchen beisammen. Einer der Jungs von der Straße hatte Schlittschuhe dabei und rief: Samma, so mo ma[14] Kette fahr'n? Jou!, riefen die anderen und schon stiefelten wir, den Schlitten hinter uns herziehend, den Schlangenweg hinauf. Oben angekommen, banden wir einen Schlitten an den anderen fest und dann konnte das Abenteuer losgehen. Die großen und schweren Jungs und Mädchen wurden vorne eingereiht, damit der Zug immer Spannung hatte und auch genügend Fahrt aufnehmen konnte und auf den hinteren Schlitten saßen die Kötteln, also die kleinen Jungs und Mädchen. Vorne auf dem ersten Schlitten nahm der Junge mit den Schlittschuhen Platz. Er war der Lenker, der den Zug in der Spur halten musste. Jeder stand

---

14 Sag mal, sollen wir mal …

zunächst neben seinem Schlitten, dann schrie der Lenker: Los! Und los ging's. Wir schoben wie die Bobfahrer unsere Schlitten an, sprangen drauf und dann hielten wir uns alle am Schlitten ganz fest; denn gebremst wurde während der Fahrt nicht. Die Abfahrt wurde schneller und schneller, wir bretterten den Weg hinunter und legten uns wie die Motorradfahrer in die Kurven, das heißt, wir verlagerten unser Gewicht zum Kurvenmittelpunkt hin, damit wir nicht von der Zentrifugalkraft nach außen geschleudert wurden. Wenn alles gut ging, bremsten wir dort, wo unsere Rennstrecke noch einmal steiler wurde und in den Höfen einmündete, den Zug mit unseren Schuhen aus. Aber nur zu oft purzelten wir dabei vom Schlitten und jeder war auf der Hut, nicht von einem anderen Schlitten getroffen zu werden, denn die Kufen unter dem Schlitten konnten heftige Verletzungen verursachen. Auch wenn größere Verletzungen die Ausnahme blieben, so zogen wir dennoch oft mit Schrammen und Beulen nach Hause. Unten schrie der Lenker mit seinen Schlittschuhen: Nomma? Jou!, antworteten wir ganz einvernehmlich und wieder zogen wir mit unseren Schlitten den Hang hinauf, einer neuen Abfahrt entgegen. Ein einziges Mal in diesem Winter hatte die Zentrifugalkraft einen kleinen Jungen während der Fahrt vom Schlitten und gegen einen großen Stein geschleudert, der einfach blöde am äußeren Rand einer Kurve lag. Der Junge blutete und bis er abgeholt wurde, hatten wir unsere Schlitten entkoppelt, und alle Spuren unserer waghalsigen Bretterabfahrt gelöscht. Auch mein Bruder prallte während einer der rasanten Fahrten mit seinem Hörnerschlitten gegen diesen Stein. Der Hörnerschlitten schützte ihn zwar vor Verletzungen, hielt aber selbst dem Aufprall nicht stand: Eines der beiden Hörner zersplitterte. Dass auch Schneeballschlachten zum Programm eines Winternachmittages gehörten, war selbstverständlich, aber auch nicht ganz ungefährlich, denn der Schnee war nicht immer ganz ‚sauber', das heißt mit Steinen durchsetzt. Wir hatten Glück, es passierte nie etwas. Es reichte schon ein sauberer Schneeball, um uns das Gesicht mit roten Flecken zu dekorieren.

Osterferien

Im Märzen der Bauer sein Rösslein einspannt, ... sangen wir mit Fräulein Disselkamp, als sich der Frühling 1949 ankündigte und sich das erste Schuljahr dem Ende zuneigte. Wir i-Dötzken waren aufgeregt, denn wir sollten zum Abschluss des ersten Schuljahres Zeugnisse bekommen, Zeugnisse mit richtigen Noten. Und wir freuten uns auch, dass wir im kommenden Schuljahr keine Schulanfänger mehr sein würden und wir nun mit dem Zeigefinger auf die neuen zeigen und schreien konnten: i-Dötzken, Sewerklötzken! Fräulein Disselkamp erläuterte uns, dass ein Zeugnisheft ein ganz wichtiges Heft sei, mit dem man sehr, sehr sorgsam umzugehen habe; denn wenn die Eltern das Zeugnis unterschrieben hätten, müssten wir es nach den Ferien wieder mitbringen und abgeben, weil ja in einem halben Jahr das nächste Zeugnis hineingeschrieben würde. Ich war mächtig stolz auf meine Noten. Alles war ‚gut', Führung gut, Beteiligung am Unterricht gut, Häußlicher Fleiß gut, Biblische Geschichte gut, Lesen gut, Rechtschreiben gut und so weiter - Zeichnen wurde im ersten Zeugnis noch nicht benotet, was ich sehr bedauerte. Mein gut in Schreiben war geschmeichelt im Vergleich zur Schrift von Fräulein Disselkamp. Unsere Lehrerin schrieb so vorbildlich schön, dass es noch heute eine Freude ist, sich mein Zeugnisheft anzusehen. Fräulein Disselkamp entließ uns in die Osterferien, in dem sie jeder Schülerin und jedem Schüler die Hand drückte mit der Anregung, doch in den Ferien das Gelernte nicht zu vergessen und vor allen Dingen sich den Fächern zu widmen, wo das Zeugnis Schwächen offenbart habe. Da ich keine Schwächen im Zeugnis entdecken konnte, galten die motivierenden Worte unserer Lehrerin sicher nicht mek (ob sie mir nicht oder mich nicht galten, wusste ich damals nicht sicher, auf jeden Fall galten sie nicht mek). Wir verstauten ganz vorsichtig das heilige Zeugnis im Ranzen und stürmten nach Hause, wo ich stolz meine Leistungen präsentierte. Es gab zur Belohnung auch ein wenig Geld, mit dem ich mir in einem Lebensmittelgeschäft in Oberbarmen ein Hörnchen mit Kunstsahne und Schokoladenüberzug kaufte, in dem ein kleines, ungefähr zweieinhalb Zentimeter großes Plastikpüppchen lag, das entweder eine helle, braune oder schwarze Körperfarbe hatte. Wenn wir einmal nicht auf der Straße lagen oder es in Wuppertal wieder einmal am Plestern war, zog ich den winzigen Figürchen Kleidung an. Ich verwandelte sie in Indianer, Cowboys oder Dschagga-Krieger. Auf einem Brett mit Sand, entstand dazu eine Landschaft mit Zelten, Hütten, einer Wüste und ich ließ die Indianer und die Dschaggas gegen Cow-

boys kämpfen. Je kleiner die Bastelobjekte waren, desto begeisteter war ich. Ich schnitt, bog und klebte alles zusammen, was gerade noch ohne Lupe machbar war. Im Laufe der Zeit kam eine stattliche Multi-Kulti-Bevölkerung zusammen: vier Indianer, ein Hawaiianer, ein englischer Offizier, zwei deutsche und ein französischer Cowboy, ein Dschagga-Krieger, zwei Bantuneger, drei Pygmäen, ein Türke, ein Araber und ein Chinese. Auch dokumentierte ich alles auf einem großen Blatt

Papier. So kann ich noch heute nachlesen, dass die Platte 65 auf 58 cm maß und darauf zwei Häuser, zwei Pferde, jede Menge Waffen, zwei Hunde, ein Opferstein, eine Brücke, zwei Boote, ein großer Wuppertaler Grauwackesandstein als Felsen, zweierlei Sandarten und jede Menge Pflanzen Platz fanden. Dieses Diorama fand so große Anerkennung, dass ich es später in der Adventszeit im katholischen Pfarrheim in Leverkusen, wohin wir später im Rahmen des üblichen Umziehen-Müssens bei der Bahn gezogen waren, ausstellen durfte. Ich hätte es aber besser nicht getan, denn als die Ausstellung beendet war, stellte ich fest, dass zwei Figuren, der Araber und der deutsche Cowboy, fehlten. Ich war darüber so entsetzt und traurig, dass ich die Anlage ein viertel Jahr lang zu Hause nicht mehr aufbaute.

Lederhose und Schuheisen

Es war wieder Sommer geworden und es war wieder heiß. Meine Eltern taten das, was fast alle Eltern damals taten: Sie kauften ihren Söhnen eine kurze Lederhose mit Hosenträgern und einem Latz vorne. Diese Hosen waren allen erlaubten wie unerlaubten Betätigungen auf der Straße gewachsen. Sie waren ruinenfest, absolut rutschfest auf Lehmhängen und dem Klettern auf den Wuppertaler Grauwackesandsteinfelsen gewachsen. Frisch gekaufte, neue, weiche Lederhosen zu tragen war ein notwendiges Übel, denn wir schämten uns, mit einer neuen Lederhose herumzulaufen. Erst wenn sie nach einigen Wochen vom vielen Hosenboden-Rutschen und vom vielen Dreckige-Finger-An-Ihr-Abputzen dunkel, speckig-glänzend und steif wie eine Ritterrüstung geworden war, sah sie gut aus. Erst dann konnte man sich mit ihr überhaupt auf der Straße sehen lassen. Nach dem Ausziehen konnte man sie hinstellen, ohne dass sie umfiel und morgens mit etwas Übung direkt hineinspringen. Mit diesen Eigenschaften ausgestattet war eine Lederhose eingetragen und der Stolz aller Jungs. Es gab sogar Jungs, die rieben ihre Lederhose mit Schuhwichse ein. Das fanden mein Bruder und ich albern. Wir bevorzugten den Dreck von der Straße und den der eigenen Finger, die natürliche Patina.

Die Kleidung, die man damals trug, musste lange halten. Und meine Mutter sorgte auch dafür, dass alles sofort geflickt und repariert wurde, was Schaden genommen hatte und sie schleppte uns auch regelmäßig zum Schuster, um unsere Schuhe mit Eisen beschlagen zu lassen. Wir strapazierten unsere Schuhe werktags gewaltig. Wir kletterten auf Felsen und in Ruinen herum und die Steine und der Bauschutt nutzten die Sohlen und Absätze sehr schnell ab. Damit man aber nicht ständig die Schuhe neu besohlen lassen musste, gab es Eisenbeschläge, die man vorne unter die Spitze der Sohle und hinten unter den Absatz nagelte. Das ging sehr schnell und war relativ billig und anschließend klapperten wir wie Stepptänzer auf den Bürgersteigen und auf dem Pflaster herum. Mit Hilfe der Schuheisen hielten Sohlen und Absätze zur Freude meiner Mutter und ihrer Geldbörse länger. In der Wohnung durften wir mit den beschlagenen Schuhen nicht herumlaufen, das hätte furchtbare Kratzer gegeben, auch wenn wir nur einen einfachen Holzfußboden hatten. Es war ein Lebensprinzip, alles zu schonen und zu pflegen und daran mussten auch wir Kinder uns halten.

Im Geschwindigkeitsrausch

Die rasanten Abfahrten im Winter hatten mich tief beeindruckt, sodass wir auch im Sommer den Geschwindigkeitsrausch suchten. Dazu verhelfen konnten uns entweder ein Roller oder Rollschuhe. Und tatsächlich hatten meine Eltern Erbarmen mit mir und schenkten mir zum Geburtstag ein Paar Rollschuhe. Mit ein paar gleich gesinnten und gleichermaßen ausgestatteten Straßenfreunden zogen wir mit unseren Rollschuhen zur Langobardenstraße, eine mit zwei fast rechtwinklig verlaufenden Kurven ausgestattete Hangstraße, in der sich auch mein Frisör befand, genau genommen, wenn man abwärts blickte hinter der ersten Rechtskurve und der Einmündung der Langobardentreppe in die Langobardenstraße. Zu diesem Frisör nahm mich meine Mutter mit, wenn sie sich wieder einmal ihre sehr schönen, welligen Haare schneiden und pflegen ließ. Ich wurde hoch auf einen hölzernen Drehstuhl gesetzt, ein paar mal um die eigene Achse gedreht, bis ich die richtige Höhe für den Frisör hatte, bekam einen Umhang um den Hals gebunden und dann ging es ratzfatz und ich sah nach diesem Meisterstück mit meinen nun extrem kurzen Haaren wie ein Sträfling aus. Der Schnitt musste schließlich mehrere Wochen halten. Aber zurück zur Rollschuhabfahrt:

Der Rechtskurve bei der Lango-bardentreppe folgte dann weiter abwärts noch eine Linkskurve, die den Nachteil hatte, dass man von oben kommend nicht sehen konnte, was sich in und hinter der Kurve abspielte. In dieser nicht überschaubaren Situation half nur die Wahrscheinlichkeitsbetrachtung weiter, die wir bei unserer Lehrerin, Fräulein Disselkamp, zwar noch nicht gelernt hatten - wir waren gerade dabei das kleine Einmaleins zu lernen. Aber mit Wahrscheinlichkeiten umzugehen, war uns geradezu auf den Leib geschrieben. Wir wussten zum Beispiel, dass die Wahrscheinlichkeit, jemanden umzufahren, den wir leider nicht vorher sehen konnten, angesichts der Fußgängerfrequenz auf dem Bürgersteig, ganz, ganz gering war. Wir wären ja auch gerne auf der Straße gefahren, aber die war damals gepflastert, sodass wir notgedrungen auf den Platten des Bürgersteiges fahren mussten! Mit unseren Rollschuhen unter dem Arm stiegen wir vom Höfen kommend die Langobardentreppe hoch und gingen noch ein gutes Stück die Langobardenstraße weiter aufwärts. Dann zogen wir uns die Rollschuhe an, was eine große Sorgfalt voraussetzte, wenn man nicht gleich nach den ersten Metern auf die Nase fallen wollte. Ein Rollschuh besaß zwei Zangen, eine vorne und eine hinten, die mit einer Vierkantkurbel an die Schuhsohle geklemmt werden mussten. Ein fester Halt war das A und O einer unbeschwerten Abfahrt. Und die Rollschuhe besaßen Eisenblechräder, die beim Fahren einen Höllenlärm verursachten. Sie waren eine Art Hupe für nicht einsehbare Kurven. Wir konnten davon ausgehen, dass man uns schon vorher hören würde, wenn wir plötzlich aus dem Nichts in die Kurve hineingeschossen kamen. Auch die Erwachsenen waren schon damals gut beraten im Straßenverkehr, vor allen Dingen auf dem Bürgersteig, acht zu geben. Als wir unsere Schuhe angeschnallt hatten, stellten wir uns auf die Beine und ab ging es. Verkanteten Platten und sonstigen Hindernissen auf dem Bürgersteig mussten wir ausweichen, wobei das nur in voller Fahrt ging, denn Rollschuhe hatten damals noch keine Bremsen. Die einzigen Möglichkeiten zu bremsen waren, entweder die Rollschuhe fast quer zu stellen und anstatt zu rollen mit einem langen Bremsweg weiter zu rutschen oder auf dem Hosenboden der Lederhose zu landen, was wir möglichst zu vermeiden suchten. Wir gewannen an Fahrt und rollten mit einem Wahnsinnslärm in die Rechtskurve hinein, an den Fußgängern vorbei, die uns die Vorfahrt nicht streitig machen wollten und uns Platz machten, weiter abwärts auf die Linkskurve zu. Kurz vor der nicht einsehbaren Linkskurve verstärkten wir den Lärm unserer Eisenrollen durch lautes Schreien und schossen, uns in die Kurve legend, in die Linkskurve hinein. Nein!, schrie eine ältere Frau und sprang, soweit sie noch springen konnte, zur Seite. Dieser Sprung rettete der Frau ihre Gesundheit. Die Wahrscheinlichkeitsbetrachtung hatte uns im Stich gelassen. So ein Driet!, wetterten wir. Hinter uns hörten wir noch die Leute schimpfen, was wir aber nicht mehr verstehen konnten, weil wir uns so schnell wie möglich aus dem Staub machten, auf und davon, nichts wie weg. Der Gedanke, sich nicht erwischen zu lassen, bestimmte unser Handeln und wir rollten, unten an der Berliner Straße angekommen, in Richtung Höfen, so dass uns niemand folgen konnte. Zwischen dieser und der nächsten Abfahrt legten wir eine Besinnungspause ein, waren uns aber sicher, dass die Wahrscheinlichkeit, dass ein solches Missgeschick zweimal hintereinander vorkommen würde, ganz, ganz gering sei.

Mein Schwimmunterricht

So selbstverständlich es für meine Eltern war, dass wir sonntags in die Kirche gingen, so selbstverständlich war es für sie auch, dass wir Kinder schwimmen lernten. Unser Hallenbad befand sich Auf der Bleiche, gleich beim Oberbarmer Bahnhof, auf der anderen Seite der Wupper in Heckinghausen. Ich war sieben Jahre alt geworden und meine Eltern meldeten mich zum Schwimmunterricht an. Zweimal in der Woche marschierte ich mit Handtuch und Badehose durch den Höfen, die Höfenbrücke hoch, über die Werlebrücke zum Schwimmbad Auf der Bleiche. Mein Schwimmlehrer war der Bademeister, der sich damals noch die Zeit nahm, den Kindern Einzelunterricht zu geben. Er legte mich, als ich in der Badehose das Becken erreichte, mit dem Bauch über einen Stuhl und brachte mir auf diesem unbequemen Möbel das Brustschwimmen bei. Ich musste die Hand- und Fußbewegungen nachmachen, die er mir vormachte und er achtete peinlich darauf, dass sich meine Hände und Füße exakt und parallel bewegten. Als auch nach emsigem Training der Bademeister nicht zufrieden war und die Lage auf dem Stuhl immer unbequemer wurde, schickte er mich nach Hause. Mit meinen Eltern schimpfte ich über diesen blöden Schwimmunterricht. Als dann auch in der zweiten Unterrichtsstunde nur Trockenübungen auf dem Stuhl stattfanden, glaubte ich, dass ich zum Schwimmen zu blöd sei. Ich fühlte mich in dieser meiner Meinung bestätigt, als mich auch in der dritten Stunde der Bademeister über den Stuhl legte. Da ich aber bereits im Schlaf auf dem Stuhl mit Händen und Füßen schwimmen konnte, bekam ich von ihm schließlich einen Brustgurt umgeschnallt und einen Ring aus Korkklötzen um den Bauch gelegt, um mich gegen unbeabsichtigtes Untergehen im Wasser zu versichern. Er holte eine große Angel von der Wand, befestigte die Schnur der Angel an der Rückenseite des Brustgurtes und schickte mich in das eiskalte Wasser. Schon nach wenigen Minuten klapperten mir vor Kälte die Zähne. Als nur noch mein Kopf aus dem Wasser ragte, blieb ich auf der Leiter stehen und hielt mich an ihr fest, bis mich der Bademeister anbrüllte, ich solle die Leiter loslassen und schwimmen. Ich ließ die Leiter los und paddelte wie ein Wilder mit Händen und Füßen im Wasser herum, bis ich die rettende Angel spürte und mich beruhigte. Schwimm los, wies mich der Folterknecht am Beckenrand an. Ich war jetzt aber froh, dass ich bis zum Erbrechen auf dem Stuhl geübt hatte, so wusste ich wenigstens, was ich im Wasser zu tun hatte. Als aber einige Unterrichtsstunden später der Bademeister anfing, die Spannung an der Angel zu lockern, steigerte ich die Schwimmbewegungen um das Vielfache. Erst als ich abzusaufen drohte, stellte der Unmensch am Beckenrand die Spannung an der Angel wieder her. So ging das Stunde für Stunde, bis ich ohne Korkring an der Angel hing. Ich drohte wieder unterzugehen, sobald die Spannung an der Angel nachließ, hatte aber bald das Gefühl, dass der Bademeister und ich ein eingespieltes Team waren und ich schwamm ganz brav Bahn für Bahn. Und als ich dann eines Tages bemerkte, dass der Bademeister die Angel überhaupt nicht mehr spannte und die Schnur mit mir im Wasser schwamm, war ich überglücklich. Ich konnte schwimmen! Zum Schluss musste ich an der Ecke des Beckens vom Rand ins Wasser springen. Ich ging unter, tauchte wieder auf und schwamm mit einigen Zügen ganz ohne Hilfe des Bademeisters zum gegenüberliegenden Rand des Beckens. Damit war der Schwimmunterricht beendet und ich konnte meinen Eltern voller Stolz meine Schwimmkünste vorführen. Von da an ging ich regelmäßig schwimmen, wobei ich nie in Versuchung kam, mich zu lange in dem kalten Wasser aufzuhalten. Wenn der ganze Leib, der nur aus Haut und Knochen bestand, schlotterte und die Zähne klapperten, gingen wir Kinder unter die warme Dusche, bis der Bademeister, dieser Unmensch, kam und uns in die Umkleidekabinen jagte.

Die Heimatkunde

Ich war nun Schüler der Klasse 2a geworden, Schüler im fort-geschrittenen Stadium also. Wir lernten die Uhrzeiten, Ding-wörter in Ein- und Mehrzahl, Tuwörter beugen, wir lernten im Rechenunterricht, dass uns Jesus liebt und wir begannen mit dem kleinen Einmaleins. Wir lernten, dass der Wuppertaler Grauwackesandstein einen ganz hohen Anteil an Quarz hat, sehr fest ist und vor etwa 350 Millionen Jahren entstanden ist, als es das Bergische Land noch nicht gab und hier, wo wir saßen, die Wellen auf einem warmen Meer plätscherten. Da wir uns unter 350 Millionen Jahren nicht viel vorstellen konnten, weil wir nur bis tausend zählen konnten, erklärte uns das Fräu-lein Disselkamp so: Wenn wir aus einem Jahr einen Kilometer machen, dann wären die 350 Millionen Kilometer tausend mal soviel wie der Mond von der Erde entfernt ist. Das konnten wir uns vorstellen, tausendmal soweit - und der Mond ist ja nun wirklich weit, weit weg! Folglich waren 350 Millionen Jahre vie-le, viele Jahre und die auch noch tausendmal so viel. Wir lasen Gedichte im Lesebuch und lernten sie auswendig, zum Beispiel:

Eine kleine Dickmadam
fuhr mit einer Eisenbahn.
Eisenbahn die krachte,
Dickmadam, die lachte.'

Wir Kinder lachten auch. Wir lernten im Deutschunterricht, dass Jesus auch die Sünder liebt. Da hatte ich Glück gehabt, denn ich wusste, dass ich ein Sünder bin und ich hatte mir immer gewünscht so schnell wie möglich zur Beichte gehen zu können und dann zu sterben, wenn ich gerade aus einer Beichte kommen würde und dann meine Seele blitzblank rein wäre. Bloß nicht zwischen zwei Beichten oder erst recht nicht kurz vor einer Beichte sterben, wenn sich wieder ein stattliches Sündenregister angesammelt hätte.

Eines Tages, noch im Sommer, überraschte uns Fräulein Dissel-
kamp und kündete unseren ersten Klassenausflug an, der nach
Schloss Burg gehen sollte. Wir lernten in der Heimatkunde,
dass auf diesem Schloss die Grafen von Berg lebten, die unserer Heimat auch den Namen gaben. Und deshalb heißt unser
Land auch nicht Bergiges Land sondern Bergisches Land. Die
Grafen von Berg waren früher die Herren im Bergischen Land.
Der berühmteste Graf war Engelbert, zugleich Erzbischof von
Köln. Er war der Stellvertreter des Kaisers Friedrich II., wenn der
nicht regieren konnte, und nannte sich ‚Reichsverweser'. Engel-
bert wurde hinterlistig von Mannen des Grafen Friedrich von
Isenberg, der auf der Burg Isenberg bei Hattingen wohnte, er-
mordet, um sich die Grafschaft Berg einzuverleiben. Mit diesem
Wissen ausgestattet fuhren wir mit dem Bus nach Schloss Burg
und mussten uns dort den gleichen Driet noch einmal anhören.
Aber auf dem Schloss gab es die berühmten Burger Brezeln
zu kaufen, das Geld hatten uns unsere Eltern, wie Fräulein
Disselkamp es wünschte, mit auf die Klassenfahrt gegeben. So
hatte sich der Ausflug doch gelohnt! Wir lernten in der Schule
auch noch die Industrie im Bergischen Land kennen, vor allen
Dingen die Textil- und die Eisenindustrie und Fräulein Disselkamp erzählte uns, dass es an der Wupper viele Kotten gäbe,
Schleifkotten, Weberkotten, kleine Fachwerkhäuser, in denen
geschliffen, gehämmert oder gewebt wurde und sie kündete
für nächstes Jahr einen Besuch in einem Schleifkotten an der
Wupper an. Sie erzählte uns auch, dass Wuppertal das Zentrum
der bergischen Textilindustrie war, dass es auch große Fabri-
ken gäbe, wie zum Beispiel die Barmer Firma Bemberg. Wir
lernten im Heimatkundeunterricht auch, dass Jesus sogar seine
Feinde liebt und Fräulein Disselkamp erklärte uns, wenn jeder
seine Feinde lieben würde, gäbe es keine Kriege mehr. Fräulein
Disselkamp hatte immer Recht. Das musste ich sehr oft auch
meinen Eltern beibringen, die nicht immer damit einverstanden
waren, was ich aus dem Unterricht so erzählte. Dann protes-
tierte ich immer: Aber Fräulein Disselkamp hat gesagt, dass ...
und korrigierte meine Eltern. Ich ließ mir die Worte von unserer
Lehrerin durch den Kopf gehen: Jesus, Maria und Josef zu lie-

das für Billy Jenkins und Tom Prox nicht zu, aber Schundhefte gab es schon. Gewaltverherrlichende Hefte sind mir noch in Erinnerung, mit abscheulichen Bildern, wo Frauen gefesselt und ausgepeitscht, Männer niedergeschossen wurden. Wir konnten nur auf der Straße einen Blick hineinwerfen, zu Hause hätte es Ohrfeigen gegeben, wenn meine Eltern bei uns solche Hefte entdeckt hätten.

Zarte erotische Momente, ohne ein schlechtes Gewissen haben zu müssen, gab es in den Pausen auf dem Schulhof. Obwohl sich Mädchen und Jungen meistens getrennt in den Pausen vergnügten, gab es doch zwischen einigen Mädchen und Jungen besondere Zuneigungen. Ich schwärmte auch für ein Mädchen, wahrscheinlich war sie aus „gutem Hause", denn sie war - wenn auch nicht auffallend - immer fein gekleidet und eines von den Lieblingen von Fräulein Disselkamp. Wie immer wir Jungen das auch einfädelten, plötzlich hatten sich die, die sich mochten, gefunden, vielleicht drei Jungen und drei Mädchen, und dann spielten wir Nachlaufen mit Abklatschen. Fünf liefen weg und wenn der zurückgebliebene ein Junge war, holte er mit Vorliebe ein Mädchen ein und klatschte es ab, d.h. berührte es irgendwo, damit die Eingeholte auch merkte, dass sie eingeholt war. Die Mädchen klatschten natürlich mit Vorliebe die Jungen ab. Klar, dass die Berührungen nicht nur ein Antippen waren. Und wenn der Verfolgte schneller war als die Verfolgerin, dann lief er einfach ein wenig langsamer...

Der schlimme Fassadenparkour

Übung macht den Meister', war so ein Spruch der Erwachsenen. Da schien etwas Wahres dran zu sein, denn im Klettern waren wir nach eineinhalb Jahren Ruinenturnen richtige Meister geworden und Parkourläufer dazu. Wir sprangen inzwischen in unserer Ruine im ersten Stock von einem Deckenträger auf den anderen und auf dem Schuttfeld von einem Steinblock über einen Graben auf den nächsten. Unser Gleichgewichtssinn und unsere Trittsicherheit waren auf Höchstleistung getrimmt. Mit dieser Gewissheit suchten wir immer neue Herausforderungen. Als mein Bruder und ich wieder einmal allein zu Hause waren und wir aus dem Klofenster hinaus auf das Wäldchen hinter unserem Haus blickten, kam meinem Bruder ganz plötzlich die wunderbare Idee, dass wir doch vom Fenstersims des Klofensters über Eck hinüber auf die Balkonbrüstung unserer Küche springen könnten. Wir wohnten im zweiten Stock und unter uns im Hinterhof befand sich ein Eisenzaun mit spitzen Zacken, der ein kleines Stück Privateigentum abgrenzte. Dieser Zaun kümmerte uns wenig. Ich fand die Idee toll, endlich mal wieder eine machbare Mutprobe meistern zu können. Mein Bruder begann den Parkour, öffnete das Fenster, stieg auf den Fenstersims und sprang ... und landete sicher auf der Balkonbrüstung, sprang auf den Balkon, während ich in die Küche rannte, um ihm die Balkontür zu öffnen. Glücklich und voller Stolz trat der Held in die Küche und sagte: Jetzt du! Wir rannten zurück ins Klo, ich stieg auf den Fenstersims, sprang ... und landete auf der Balkonbrüstung, sprang auf den Balkon, rannte durch die Küche zurück ins Klo und sah, wie mein Bruder schon längst wieder auf der Balkonbrüstung gelandet war. Ich hinterher, auf den Fenstersims, Sprung, Landung auf der Balkonbrüstung, über den Balkon durch die Küche ins Klo - und so ging das Rennen weiter und weiter. Ich weiß nicht mehr wie lange unser sportlicher Fassadenparkour dauerte, aber im Hinterhaus stand hinter den Gardinen ihres Fensters die Nachbarin und starb schier vor Angst. Sie erzählte unserer Mutter gleich nach ihrer Rückkehr von dem unvorstellbaren Unfug ihrer Söhne und dass sie sich nicht getraut habe uns daran zu hindern und uns die Leviten zu lesen, weil sie Angst hatte, wir könnten vor Schreck in die Tiefe stürzen, auf die Eisenspieße des Zauns. Sie sei vor Angst schier verrückt geworden, schimpfte sie. So etwas könne man ihr nicht noch einmal zumuten. Ihre Kinder müssen ja gute Schutzengel haben, meinte sie mehr vorwurfsvoll als bewundernd. Wo sie Recht hatte, hatte sie Recht. Ich bekomme heute noch weiche Knie, wenn ich nur an diese Geschichte denke.

Die Prügelstrafe

Vielleicht war dieser Balkon-Parkour oder ähnliche unvernünftige Dinge der Grund, warum ab und zu meiner Mutter und meinem Vater der Geduldsfaden riss und beide zur äußersten Erziehungsmaßnahme griffen, die sich noch anbot, um uns ‚zur Vernunft zu bringen‘: zur Prügelstrafe. Heute weiß ich nicht mehr, was wir verbrochen haben konnten, um diese Art der Strafe zu rechtfertigen. Ich jedenfalls fand sie auch damals schon völlig unangebracht und unangemessen. Wenn mich mein Vater hassen würde oder ich sein Feind wäre, dann müsste er mich als Christ lieben, wie uns Fräulein Disselkamp gelehrt hatte. Aber Menschen, die man liebt, verprügelt man nicht. Ich wusste immer, dass ich ganz unschuldig war, gut, vielleicht nicht ganz, vielleicht hatte ich manchmal ein wenig über die Stränge geschlagen. Vielleicht, nein, ganz sicher war ich auch ein wenig dickköpfig gewesen. Aber muss man mich deshalb gleich verprügeln?, dachte ich.

Wenn wir tagsüber nach Meinung unserer Eltern irgendetwas ausgefressen hatten, schimpfte meine Mutter mit uns und wenn die Kanonade mit dem Satz endete: Ich sag's heute Abend dem Papa, dann wussten wir, was es geschlagen hatte. Den ganzen übrigen Tag lief ich mit gesenktem Kopf herum und als unser Vater von der Arbeit heimkehrte, berichtete meine Mutter von unseren schrecklichen Taten, was mit dem vorwurfsvollen Frage-Ausrufungs-Satz endete: Haste da noch Töne?! Es dauerte nicht lange und mein Vater rückte den Stuhl zurecht, holte den Stock vom Schrank, meinen Stock wohlbemerkt, den ich im Schweiße meines Angesichts vom Baum abgeschnitten und in die Rinde ein schönes Muster geschnitzt hatte, er holte also meinen Stock, legte meinen Bruder über den Stuhl und sagte: Ihr wisst, warum ich euch den Hosenboden versohle. Meinen Bruder zu versohlen war für meinen Vater eine einfache Übung. Mein Bruder dachte: Wenn ich keinen Widerstand leiste, ist die Sache schnell überstanden, legte sich freiwillig über den Stuhl und steckte brav und ruckzuck die Schläge ein. Mich nannte man ja nicht umsonst ‚Dicker'. Oh, nein, ich werde meinen Hintern nicht freiwillig auf den Opfertisch legen, dachte ich. Ich war bereit wie ein Sama-Ritter zu kämpfen. Deshalb folgte ich auch nicht der Anweisung meines Vaters, mich auf den Stuhl zu legen. Da wäre ich ja schön blöd gewesen. Ich stellte mich wie eine Säule stocksteif hin und wehrte mich schon, sobald mein Vater versuchte mich über den Stuhl zu legen. Und wenn er es doch geschafft hatte, mich auf den Stuhl zu quetschen, dann legte ich meine Hände auf den Hintern, wohl wissend, dass mein Vater nicht auf die Hände schlagen wollte. Das würden ja alle Menschen sehen. Nein, die Hände waren für die Schläge nicht der richtige Körperteil. Das Problem meines Vaters war, dass er eine Hand zum Schlagen brauchte, also hatte er nur noch eine Hand übrig, um mich fest auf den Stuhl zu drücken, meine Hände festzuhalten und meine Füße abzuwehren, die ich als letzte Waffe einsetzte und auf den Hintern klappte, wenn meine Hände in seinem Würgegriff steckten. Meistens musste er noch sein Knie zu Hilfe nehmen. Das war für meinen Vater Schwerstarbeit. So heldenhaft ich auch kämpfte, es setzte trotzdem Prügel auf Po, Beine und bei dem ständigen Gerangel aus Versehen auch auf die Hände. Irgendwann gab mein Vater den Kampf auf. Ich rannte hinaus, in das Schlafzimmer, heulte wie ein Schlosshund, nicht vor Schmerz, sondern vor Wut und fluchte wie ein Brauereikutscher. Einmal nannte ich meinen Vater nach einer Tracht Prügel Arschloch. Als er sich anschickte mir mit dem Stock zu folgen, rannte ich um mein Leben und verkroch mich unter mein Bett. Mein Vater gab dann auf, weil er einfach der Klügere war. Mein ebenfalls klügerer Bruder hatte inzwischen alles schon verschmerzt und verdaut, während mich jetzt erst so richtig der Herzschmerz überfiel. Mein Wutgeheul gleitete über in ein Gewimmer. Ich stellte mir vor, wie ich am nächsten Tag aller Welt zeigen würde, wie geschwollen meine Hände sind. Bitte schön, hier seht hin, meine Hände, mein Vater hat mich verprügelt, obwohl ich nichts gemacht habe. Und dann werde ich meine Hose runterziehen. Hier, bitte schön, mein Po, voll Striemen. Das hat mein Vater getan. Und wenn mein Herzschmerz ganz schlimm war, stellte ich mir vor, dass ich von den Schlägen gestorben wäre und alle Welt würde um mich weinen und der Leichenzug wäre ganz lang und der Pfarrer würde meine Eltern mit Worten strafen und aller Welt mitteilen, dass mir Unrecht widerfahren und dass ich in den Himmel kommen werde, weil der Stöckskespitter doch ein soo liebes Kind sei und keine Prügel mit seinem eigenen Stock verdient habe. Und der ganze Trauerzug würde nicht aufhören zu weinen und die Engel und die Heilige Maria, die Mutter Gottes, würden mich empfangen und mich trösten. Mit diesen Gedanken schlief ich dann ein und als ich wieder erwachte, war der Herzschmerz verraucht.

Seltener Streit

Obwohl mein Bruder und ich beim Empfang der elterlichen Strafe innigst verbundene Leidensbrüder waren, gab es doch Momente, wo zwischen uns der Krieg tobte. Unsere Mutter war mal wieder außer Haus, wichtige Besorgungen zu machen und wir Brüder, allein gelassen, beschäftigten uns in der Wohnung mit irgend welchen Dingen. Wie das so in der realen Welt ist, können aus kleinsten Anlässen, aus Missverständnissen heraus große Kriege entstehen. Vielleicht hatte ich wieder einmal meinen Bruder geneckt, seine Drohungen nicht ernst genommen und plötzlich war der Kampf eröffnet. Da mein Bruder drei Jahre älter ist als ich, war ich damals im Ringkampf hoffnungslos unterlegen. Meist endete der Kampf damit, dass ich auf dem Rücken lag und er, der gemeine Kerl, obenauf kniete und meine Hände festhielt, so dass ich, wie ein Käfer auf dem Rücken, nicht mehr imstande war irgendetwas zu unternehmen. Ich konnte nicht treten, nicht beißen, einfach nichts machen. Und dann grinste mich dieser Kotzbrocken auch noch schadenfroh an. Mein Zorn stieg ins Unermessliche, ich heulte vor Wut und mein Bruder sagte mir, wenn ich vernünftig sei, würde er mich freilassen, aber ich müsse ihm versprechen, dass ich ihn anschließend in Ruhe lassen würde. Als ich dann irgendwann begriff, dass meine Lage hoffnungslos war, sagte ich zu. Während mein Bruder einen respektablen Abstand zu mir einnahm, wurde ich vertragsbrüchig, schnappte mir das nächste beste Wurfgeschoss und feuerte es auf meinen Bruder ab. Der eilte in das Kinderzimmer, schloss sich ein, während ich auf die Tür eintrommelte und schrie: Komm ruut, du ... Ich benutzte Schimpfwörter, die jenseits von ,du böser, böser Bruder' angesiedelt waren und die ich hier nicht wiedergeben will. Einmal schlug ich mit dem Kochlöffel auf ihn ein, als wir in der Küche waren, worauf mich mein Bruder in die Küche einschloss. In meiner Wut verkroch ich mich unter dem Spülstein und wartete, bis mein Bruder leise die Türe öffnete. Wenn ich wie von der Tarantel gestochen aufsprang und ihm entgegenlief, wusste mein Bruder, dass wir von der Normalität noch weit entfernt waren. Er schloss die Tür wieder ab und erst wenn ich sitzenblieb, war die Luft auf dem Schlachtfeld abgekühlt und ich wieder bei Sinnen. Dann konnten wir auch wieder vernünftig miteinander umgehen. Gott sei Dank, dass mein Bruder die Übersicht nie verlor und immer auf eine Befriedung der Situation hingearbeitet hatte. Die eigenen Gefühle unter Kontrolle zu halten, musste ich noch lernen. Ich hatte ja noch Zeit dazu. Ich war ja erst acht!

Der geheiligte Sonntag

Eine befriedete Zeit zwischen uns Geschwistern war immer der Sonntag. Schon am Samstagabend wurde der Sonntag eingeläutet, als die ganze Familie in die Badewannen stieg. Wir besaßen eine große und eine kleine Zinkwanne, die zuerst mit kaltem Wasser gefüllt wurden. Um eine erträgliche Badetemperatur zu erreichen, gossen meine Eltern aufgekochtes Wasser hinzu. Ich hatte das Glück als Kleinster zuerst in die kleine Wanne hinein zu dürfen. Wenn ich fertig war, stieg mein Bruder in das gleiche Wasser. Wenn auch er fertig war und wir schon im Bett lagen, stiegen Mama und Papa in die große Wanne. Am Sonntagmorgen zogen wir uns frische Wäsche an. Dann schlüpften wir in die Sonntagshose - die Lederhose war tabu -, zogen uns die Sonntagsjacke an und gingen ganz friedfertig nach dem Frühstück in die Kirche. Papa blieb als Protestant daheim. Die Schuhe waren am Samstag geputzt worden, sodass sie auf dem Weg zur Kirche glänzten und dem lieben Gott große Freude bereiteten. Wieder zu Hause, widmete sich meine Mutter dem Mittagessen, während wir Kinder spielen durften. Wenn meine Mutter mit dem Kochen fertig war, wurden wir gerufen. Einer von uns Kindern sprach das Tischgebet, das Millionen von Deutschen, ob evangelisch oder katholisch, baptistisch oder neuapostolisch sonntags wie werktags bei Tische sprachen: Komm, Herr Jesus, sei du unser Gast und segne, was du uns bescheret hast. Amen. Wir Katholiken schlugen noch schnell ein Kreuzzeichen dazu und dann durften wir essen. Noch vor einem Jahr hätte ich manchmal lieber gebetet: Komm Herr Jesus, sei unser Gast, dann siehst du, was du uns bescheret hast. Amen. Aber die Zeiten hatten sich gebessert. Es gab zum Beispiel einen großen Topf Wibbelbohnen mit ‚Schäfchen' zu essen. Wibbelbohnen sind Verwandte der Dicken Bohnen und Schäfchen waren Kugeln, die aus Mehl und Wasser geformt und mit gekocht wurden. Die Verhältnisse ließen es inzwischen auch zu, dass unsere Mutter einen Nachtisch zubereiten konnte. Mit Argusaugen beobachteten mein Bruder und ich, wieviel davon der andere und wieviel man selbst in dem Schüsselchen hatte. Meistens beschwerten wir uns bei unserer Mutter, dass der andere mehr Nachtisch bekommen habe als man selbst. Das war aber auch der einzige Streitpunkt zwischen uns Geschwistern an einem Sonntag, ansonsten waren wir so friedlich wie an keinem Werktag, wir standen ja sonntags unter ständiger Beobachtung. Irgendwann war meine Mutter dieses ewige ‚Der-Hat-Aber-Mehr-Als-Ich' einfach leid und wir Kinder bekamen von da an, immer abwechselnd die Aufgabe, den Nachtisch selbst zu teilen. Der eine musste teilen und der andere durfte sich dann das Nachtisch-Schüsselchen aussuchen. Jetzt war Augenmaß gefordert. Mit dem Blick eines Chemielaboranten verteilte ich den Nachtisch und vor allen Dingen die letzte zu verteilende Menge mit einem kleinen Löffelchen, mal hier ein Klecksen, mal da ein Klecksen in die Schüsselkes hinein. Wenn mein Bruder beim Aussuchen viel Zeit brauchte, dann wusste ich, dass ich meine Sache gut gemacht hatte. Am Ende der Mahlzeit wurden noch immer die Teller und Schüsselchen abgeleckt, damit auch nichts von dem Essen verloren ginge. Wenn die Eltern das Essen für beendet erklärt hatten, durften wir aufstehen. Nach einer Verschnaufpause machten wir uns fertig, um in die Christenlehre zu gehen. Für mich war das meist eine Veranstaltung mit folgendem Ablauf: Im Stehen singen: ‚Komm Schöpfer Geist, kehr bei uns ein ...', hinsetzten und träumen, weil ich eh nur wenig verstand, zum Schluss aufstehen und das Schlusslied singen und wieder nach Hause gehen.

Wenn die Sonne schien, machten unsere Eltern mit uns einen Sonntagsspaziergang. Eigentlich war es die Präsentation einer vorbildlichen Familie mit ihren wohlerzogenen Kindern in der Öffentlichkeit. Ob das damals so üblich oder nur die Angewohnheit meiner Eltern war, weiß ich nicht mehr. Auf jeden Fall war es so ziemlich das Ätzenste, was wir sonntags bei schönem Wetter erleiden mussten. Wir spazierten in Richtung Dahler Straße, mein Bruder und ich mussten etwa zwei Meter, Hand in Hand, vor unseren Eltern spazieren gehen, die uns ständig musterten und ermahnten, hauptsächlich mich, weil ich mir diesen

Driet anmerken ließ: Dicker, gang oprecht! Dicker, schluff[15] nich so!, Dicker, bliew nich stonn! Kein Wunder, dass wir Kinder diese Spaziergänge liebten wie fast nichts anderes. Manchmal träumte ich, ich würde mir einen Fuß verstauchen und man müsste mich nach Hause tragen oder ich würde ohnmächtig werden und würde erst zu Hause wieder zu mir kommen. Der Familienausflug auf dem sonntäglichen Oberbarmer Präsentierteller endete nach etwa einer Stunde und mein Bruder und ich waren glücklich, als wir wieder zu Hause waren.

---

15 heb die Füße beim Gehen!

Die Grippe

Es passierte selten, aber irgendwann überfiel sie uns wie ein Donnerschlag: die Grippe. Abgesehen davon, dass ich mich dann immer ganz schlapp und müde fühlte, hatte es doch den Vorteil, dass man im Bett bleiben durfte und nicht in die Schule gehen musste. Zuerst wurde mal das Fieber gemessen. Wir steckten uns das Quecksilber-Thermometer in den Hintern und lasen anschließend zu unserem Schrecken: 39°C. Dann hieß es: ab ins Bett. Zur Fieberbekämpfung kamen Wadenwickel zum Einsatz. Nasse und kalte Tücher wurden – wie der Name schon sagt – um die Waden gewickelt, drumherum noch trockene Tücher, damit das Bett nicht nass wurde. Damit das Fieber erfolgreich abgesenkt werden konnte, mussten wir ruhig liegen bleiben. Es gab damals keine Arznei gegen Grippe, aber die Menschen kannten alte Hausrezepte, die den Heilungsprozess unterstützen sollten: Schwitzen, Zwiebelsirup löffeln und viel Kamillentee trinken, weil man ja beim Schwitzen viel Wasser verliert. Wenn die Nase zu war, inhalierten wir Kamillendampf. Und: Es gab für die kranken Kinder immer Birnenkompott zum Nachtisch. Das alleine lohnte schon, eine Grippe zu bekommen. So kämpften wir mit Wadenwickeln, Zwiebeln, Kamille und Birnenkompott gegen die Grippeviren, bis diese den Kampf aufgaben und wir wieder gesund wurden.

Ich wollte Ritter werden

Dass ich bei den handfesten Streitereien mit meinem Bruder immer den Kürzeren zog, weil ich drei Jahre jünger war, ließ in mir den Wunsch aufkommen, groß, aber vor allen Dingen stark zu werden. Ich war es einfach satt, immer der Kleine zu sein. Wenn wir auf der Straße mit den Freunden Fussball spielten, standen sich vor Beginn des Spiels die beiden größten Jungs aus dem Höfen gegenüber und riefen abwechselnd die Jungs oder Mädchen auf, die sie in ihrer Mannschaft haben wollten. Da ich zu den Kleinen gehörte, war ich immer bei den letzten, die aufgerufen wurden. Im Spiel rannten mich die Großen einfach um oder nahmen mir den Ball ab, worauf ich von meiner Mannschaft eine Rüge nach der anderen einstecken musste, so wacker ich auch spielte. Meine Chancen, in der Spielerhierarchie aufzusteigen, schwanden von Spiel zu Spiel. Vielleicht war ich auch nicht das größte Fußballtalent, aber ich tat mein Bestes, auch wenn das den Großen nicht reichte. Das ärgerte mich wahnsinnig. Wie gerufen brachten Klassenkameraden in dieser meiner persönlichen Sinnkrise Hefte mit in die Schule, die wir nach Schulschluss auf den Grauwackesandsteinfelsen oberhalb der Schule, hinter dem Eisenbahnviadukt, in der Breslauer Straße lasen beziehungsweise uns anschauten. Mein Lieblingsheft war Prinz Eisenherz, der auch Prinz Valiant genannt wurde, Sohn von König Aguar von Thule, ein Ritter der Tafelrunde von König Arthur in Camelot. So wie Gawain, Lancelot und Parzifal. Eigentlich verstand ich den Inhalt nicht, jedenfalls nicht die Zusammenhänge, zu schnell wechselten die Akteure die Bühne. Aber die Bilder! Prinz Eisenherz mit seinem Singenden Schwert, vom gleichen Schmied hergestellt wie das Schwert Excalibur von König Arthur. Bah, wenn Prinz Eisenherz auf seinem Pferd reitend mit seinem Schwert auf die bösen Feinde eindrosch, da war ich mitten drin im Schlachtengetümmel. Ich kämpfte mit für das Gute. ,Unbesiegbar ist der, der mich im guten Sinn gebraucht', stand auf seinem Schwert und wehe dem, der es für schlechte Taten benutzte! Prinz Eisenherz benutzte es nur

für gute Taten und ich musste nicht lange überlegen, um zu wissen, dass auch er den schmalen, steilen und steinigen Weg im Leben ging. Und wie erfreuten mich die fein angezogenen, schönen Frauen, die die Ritter umgaben. Was für eine schöne Welt! Da wollte ich auch hin, ja ich wollte ab sofort Ritter werden. Bauer zu werden war nicht mehr so wichtig, das Allernotwendigste zum Essen hatten wir, nein jetzt ging es um Höheres, um die Verteidigung des Guten in der Welt! Und was für ein Mann war Prinz Eisenherz! Stelle dich nie zwischen einen Ritter der Tafelrunde und seine Pflicht!, verkündete er seiner bildschönen Frau Aleta, die wieder einmal nur an sich dachte und Eisenherz davon abhalten wollte, sich in den Kampf zu stürzen, um dem Guten zum Erfolg zu verhelfen. Mein Stock wurde mir wieder sehr wichtig. Mit ihm kämpfte ich in meinen Tagträumen Seite an Seite mit Prinz Eisenherz gegen das Böse in der Welt, kämpfte gegen die Pikten im Norden und gegen Raubritter auf dem Kontinent auf seinem Weg nach Rom.

Mahatma Gandhi hatte aus der Beobachterrolle heraus festgestellt: Ein Christ hat drei Eigenschaften: er ist furchtlos, immer in Schwierigkeiten und unsagbar glücklich. Wahrscheinlich hat Gandhi Prinz Eisenherz gelesen und sich diese Meinung vom christlichen Ritter gebildet. Jedenfalls befand ich mich damals in meinen Träumen als Begleiter des Prinzen im Einklang mit Fräulein Disselkamp und Prinz Eisenherz.

Mecki

Unser Vater war in seiner Kindheit mit einem Hund aufgewachsen und schien diesen Hund sehr geliebt zu haben. Kein Wunder, dass bei ihm, als sich unsere Verhältnisse gebessert hatten, der Wunsch aufkam, sich selbst und seine Familie mit einem Hund zu beglücken. Ich weiß nicht, welche Diskussion meine Eltern führten, als Papas Wunsch offenbar wurde, denn meine Mutter war mit einer Katze aufgewachsen. Wie auch immer: Die beiden entschieden sich für einen Hund. Und so kam Papa eines schönen Tages, ganz überraschend für uns Kinder, mit einem ganz kleinen, süßen Hund von der Arbeit nach Hause. Wir Kinder waren begeistert und das Hündchen auch. Die liebe, kleine, süße Promenadenmischung hat unser Herz höher schlagen lassen. Ich erinnere mich noch genau, dass mich das Hündchen vor Freude immer in die Ferse biss. Dann zog ich es durch das ganze Zimmer, was den Hund nur noch mehr anspornte, mich zu beißen. So konnte es passieren, dass sich seine kleinen spitzen Zähnchen in meiner Ferse festbissen, und dann statt des Hündchens ich aufjaulte. Wir nannten den Hund ‚Mecki‘. Mecki war eine Igelfigur, die wir aus der Rundfunkzeitschrift ‚Hör Zu!‘ kannten. Mecki war nur wenige Wochen alt und daher noch nicht stubenrein. Mein in der Hundeerziehung erfahrener Vater wollte ihm Das-in-die-Wohnung-pinkeln abgewöhnen und steckte Meckis Schnäuzchen sofort nach Missachtung der Hausordnung in den Pinkelsee, schimpfte mit ihm, bis das Hündchen heulte und sich anschließend verzog. Mit der Zeit kapierte unser Hündchen, dass das Pinkeln in die gute Stube verboten war, konnte aber trotzdem das Wasser nicht halten. Wenn wir außer Haus waren und die Stube rein war, wenn wir zurückkamen, rannte Mecki uns laut bellend entgegen. Wenn er aber während unserer Abwesenheit irgendwohin gepinkelt hatte, verkroch er sich bei unserem Eintreffen in eine Ecke und das pure schlechte Gewissen schaute uns an. Dann wussten wir sofort, dass irgendwo eine Pfütze auf uns wartete. Papa schnappte sich den Bösewicht, stupste seine Schnauze in die Pfütze und so ging das wochenlang und die Promenadenmischung wurde und wurde nicht sauber. Irgendwann gab mein Vater seine Erziehungsbemühungen auf und das kleine verspielte Hündchen wurde seinem früheren Besitzer wieder zurückgegeben. Es blieb auch bei dem einen Versuch, einen Hund anzuschaffen. Ich vermute, dass meine Mutter ein ernstes Wort gesprochen hatte, denn sie war diejenige, die immer die Pfützen aufwischen musste.

Sedan

Viele Menschen standen am Abend, als es schon dunkel war, auf dem Platz. Warum, verstand ich wieder einmal nicht. Es sei heute ‚Sedan', sagten meine Eltern. Sedan sagte mir nichts. Aber es musste den anderen etwas sagen, sonst wären nicht so viele Leute da gestanden. Wir standen also und ich stand einfach mit.

Wir erzählten uns gegenseitig irgendetwas Unbedeutendes, andernfalls wüsste ich noch vorüber wir in dieser eigenartigen Situation gesprochen hatten, aber es war auch nicht langweilig, auch wenn nichts geschah. Plötzlich erscholl ein ... Oh ... Ah ... und über dem Platz am Himmel blitzte es unter lautem Knallen auf. Meine Eltern sagten mir, als ich ängstlich fragte, was los sei, das sei ein Feuerwerk und ich könne ganz beruhigt sein. Dann fragte ich nicht mehr, ich staunte nur noch über den wunderbaren Feuerregen, die Lichtsterne, das plötzliche Aufblitzen und Verlöschen und den Lärm der Explosionen. Immer wieder stiegen neue farbige Sterne am Himmel auf, die auseinanderflogen und wieder verlöschten. Sedan war wunderschön. Zum Schluss sangen alle Menschen auf dem Platz ‚Deutschland, Deutschland über alles', unsere Nationalhymne, wie die Erwachsenen sagten. Hoffentlich wird es noch viele Sedantage geben, dachte ich ...

Der Sedantag am 2. September in Gedenken an die gewonnene Schlacht bei Sedan im deutsch-französischen Krieg 1870/71 wurde nur noch zweimal gefeiert, dann verloschen die Feuerwerke für immer. Eigentlich waren die Sedantage schon am 27. August 1919 offiziell abgeschafft worden. Warum in Wuppertal, in der neuen, immerhin noch besetzten, Bundesrepublik Deutschland Sedan gefeiert wurde, konnte ich nicht herausfinden. Vielleicht gedachte man an das wiedervereinigte Reich von 1871 und an das geteilte Deutschland von 1949? Wollte man an das neue Ziel, die Wiedervereinigung Deutschlands, denken? Aber mit einem teuren Feuerwerk? Zwar mussten wir nicht mehr Hungers sterben, aber Geld war noch knapp. Oder war es eine trotzige Reaktion auf den verlorenen Krieg und man gedachte des letzten gewonnenen Krieges? Heute kann man darüber nur noch staunen. Wuppertal lag in der britisch besetzten Zone, in der französischen Zone wären die Veranstalter sicher hinter Schloss und Riegel gelandet. Aber die britische Zone war eben nicht die französische. Wir Kinder waren von ‚Sedan' so begeistert, dass wir auch in den Folgejahren Sedan feierten. Wir kauften uns Knallfrösche und Knallerbsen und machten auf der Straße mächtig Radau, ohne dass wir nur im Geringsten an die erfolgreiche Schlacht bei Sedan dachten.

Die Röntgenreihenuntersuchung

Viele Menschen in Nordrhein-Westfalen lebten in den Nachkriegsjahren noch in Bunkern, Kellern oder anderen behelfsmäßigen Unterkünften, häufig dichtgedrängt. Der Hunger tat ein Übriges, dass Menschen an Tuberkolose erkrankten. Auch die große Zahl an Kriegsflüchtlingen, Zwangsarbeitern, ehemaligen Häftlingen sowie die aus dem Krieg und der Gefangenschaft heimkehrenden Soldaten ließ die Zahl der mit offener Tuberkolose infizierten Menschen nach dem Krieg stark ansteigen. In einigen Bundesländern wurde die Röntgenreihenuntersuchung für alle zur Früherkennung der Tuberkolose verpflichtend eingeführt, nicht aber in Nordrhein-Westfalen. In diesem unserem Bundesland erkannten die für die Gesundheit der Menschen zuständigen Behörden logistische Probleme und Akzeptanzprobleme in der Bevölkerung und setzten auf die freiwillige Teilnahme der Menschen an der Reihenuntersuchung. Aber wie das bei allen freiwilligen Dingen so ist: Die Gesundheitsbewußten nutzten die Gelegenheit, und die, die gesundheitlichen Fragen gegenüber weniger aufgeschlossen waren, blieben den Vorsorgemaßnahmen fern. Während in den Ländern mit obligater Teilnahme an der Röntgenreihenuntersuchung 90 Prozent der Bevölkerung erfasst wurden, waren es in Nordrhein-Westfalen nur 22 Prozent. Das war eindeutig zu wenig und so startete das Land im September 1949 eine Aufklärungs- und Werbewoche mit Plakaten und Handzetteln, verteilte Briefverschlussmarken mit Vorsorgeparolen und Zettel für ein Gewinnspiel, bei dem man für eine Spende von 50 Pfennig an der Verlosung eines Volkswagens teilnehmen konnte. Symbol für die Werbewoche war ein Schlüsselchen. Dieses wurde für 20 Pfennig verkauft, um Geld für Tuberkulosebekämpfung zu sammeln. Auch ich besaß so ein Schlüsselchen, meine Mutter hatte es mir geschenkt. Über unsere Schule wurde auch Druck auf unsere Eltern ausgeübt, und irgendwann – ich weiß nicht mehr genau wann – stand auch ich mit vielen anderen Kindern vor einem der Schirmbildgeräte. Ich wurde erst einmal richtig hingestellt, musste kurz die Luft anhalten, dann piepste es irgendwo - und fertig war die Untersuchung! Dass diese archaischen Geräte auch Nebenwirkungen hatten, kümmerte damals keinen Menschen. Es ging darum, Epidemien zu verhindern. Ich erinnere mich noch daran, dass wenige Jahre später in den Schuhgeschäften auf dem Boden Durchleuchtungsgeräte standen, in denen man seine Füße mit den anprobierten neuen Schuhen hineinschieben konnte, um deren Passgenauigkeit zu überprüfen. Wir sahen in diesem Gerät unsere eigenen Fußknochen und konnten diese nicht oft genug in den Apparat hineinschieben! Damals machte der Schuhkauf richtig Spaß.

Die Bundesrepublik Deutschland

Im Jahre 1949 hatten die Deutschen zwar noch nicht die Folgen des Zweiten Weltkrieges überwunden, aber sie stellten mit Genehmigung der Alliierten die Weichen für ihre eigene Zukunft. Der Parlamentarische Rat verabschiedete das Grundgesetz und im August wurde der erste Bundestag gewählt und in Folge der erste Bundespräsident, Theodor Heuss, und der erste Bundeskanzler, Konrad Adenauer, der sich mit dem Kalten Krieg zwischen Ost und West konfrontiert sah und an einer Vollintegration Deutschlands in die westlichen Bündnisse arbeitete. Seine Aussöhnung mit Frankreich war für ihn ‚ne jroße Erfolch für de Bundesrepublik‘ und seine Politik machte aus dem freien Deutschland ein Bollwerk gegen die ‚Soffjets‘. Die Soffjets ihrerseits schufen aus ihrer SBZ eine sogenannte DDR beziehungsweise eine DDR in Anführungsstrichen und Deutschland war somit erst einmal geteilt. Adenauer begann seine Kanzlerkarriere mit dreiundsiebzig Jahren, durchlebte in seiner Kindheit die Zeiten Bismarcks, dann die des Kaisers, der Weimarer Republik, des tausendjährigen Reiches und seine eigene vierzehnjährige Ära als Bundeskanzler. In der neuen Bundesrepublik Deutschland wurde die Pressefreiheit eingeführt und es erschienen auch bald wieder deutsche Tageszeitungen. Am 1. Oktober 1949 kam in Wuppertal der General-Anzeiger heraus, den meine Eltern gleich abonnierten. Nun erfuhren wir wieder Nachrichten von Deutschen in eigener Verantwortung geschrieben und veröffentlicht. Die Politik war spannend geworden. Meine Eltern verfolgten am Radio die Bundestagsdebatten, die noch vor vollem Hause stattfanden. Der Gegenkandidat von Adenauer, Kurt Schumacher, Vorsitzender der SPD und dann Oppositionsführer im ersten deutschen Bundestag, Gegner der Kommunisten in Ost und West, war ein wortgewandter Haudegen, während Adenauer mit rheinischem Witz für Schlagzeilen sorgte. Obwohl ich auch im politischen Feld die Hintergründe noch nicht verstand, so spürte ich doch, dass im Volk plötzlich politisch diskutiert wurde, diskutiert werden durfte. Der General-Anzeiger in Wuppertal lieferte die Argumente, die Plattform dafür.

Wir ließen Drachen steigen

Gemeinsames Spiel mit den Eltern waren den Sonntagen vorbehalten. Samstags wurde im Haus gearbeitet, die Wohnung geputzt, die Schuhe geputzt und wir mussten auch unser Zimmer aufräumen. Sonntags waren Gottesdienst und Christenlehre angesagt und auch die obligatorischen Sonntagsspaziergänge. Aber manchmal unternahmen wir Ausflüge, zum Beispiel zum Tölleturm, zur Parkanlage auf der Hardt mit dem Elisenturm. Wir fuhren mit der Schwebebahn zum Zoo, badeten im Sommer bei Remlingrade in der Wupper oder besuchten unsere Verwandten in Barmen und Beyenburg. Wenn dann noch Zeit war, spielten wir Mensch-ärgere-dich-nicht, was mich zu regelmäßigen Wutausbrüchen oder zum Beleidigtsein veranlasste. Als im Herbst die ersten Drachen am Himmel zu sehen waren, wollten mein Bruder und ich auch einen Drachen haben. Kaufen konnte man keinen, aber Papa wusste, wie man einen baut. Er besorgte für uns dünne Leisten, Wachspapier, Leim und eine ausreichend lange Schnur. Papa und mein Bruder bauten den Drachen, während ich mich mit Zuschauen begnügte. Mit dem fertigen Drachen ging es sonntags auf's Feld und mein Bruder lief so schnell er konnte mit dem Drachen in der Hand dem Wind entgegen und ließ ihn los, wenn genug Spannung in der Schnur war. Mit Glück erhob sich der Drachen, wedelte zunächst unruhig hin und her und landete dann leider oft genug im Acker. Dann wurde er justiert und erneut gestartet und blieb irgendwann in der Luft hoch oben stehen. Schlimm war es, wenn er sich mit der Schnur des Nachbarn - denn wir waren nie die einzigen, die einen Drachen steigen ließen - verhedderte. Dann stürzten beide Drachen ab, was sie selten überlebten.

Die Misshandlungen im Hinterhaus

Die Prügelstrafe, die es in unserer Familie hin und wieder einmal gab, bei der ich mich immer wieder als ritterlicher Held positionieren konnte, wie ein Christ und wie Prinz Eisenherz: ‚immer in Schwierigkeiten', waren eher lästige Ereignisse, die man zu verdrängen suchte. Dagegen wurde der Sohn der Familie im Hinterhaus, ein Junge, etwa so alt wie wir, regelrecht gequält. So sehr, dass meinem Bruder und mir fast Tränen kamen, wenn wir dem Schauspiel im Hinterhaus notgedrungen zuhören mussten. Der Junge war ein ganz unauffälliges Kind, spielte mit uns, hatte bestimmt nie etwas Schweres verbrochen, das einer strafbaren Handlung nahe gekommen wäre. Aber er wurde immer wieder mit einer mehrschwänzigen Lederpeitsche, einem Ochsenziemer, so lange durchgeprügelt, dass uns fast schlecht wurde. Wenn das Geschrei aus dem Hinterhaus unüberhörbar für unser ganzes Haus wurde, standen wir stumm am Fenster und sehnten das Ende herbei, das nicht kommen wollte. Diese Misshandlung mit allen seelischen und körperlichen Folgen für unseren Freund wollte niemand im Haus verhindern, getreu dem Motto: nichts sehen, nichts hören, nichts sprechen. Vielleicht war diese Haltung zwölf Jahre lang den Menschen im Dritten Reich eingeprügelt worden. Die Nazis verwendeten den Ochsenziemer in den KZs, um Häftlinge zu misshandeln. Die Menschen in Deutschland hatten noch viel zu lernen.

Der Advent

Wenn es draußen plesterte, wie so oft in Wuppertal, und ich nicht „vor Tür" sein konnte, die Hausaufgaben und die notwendigen Arbeiten im Haus erledigt waren, holte ich mir Buntstifte und Papier und malte kleine Bildchen, vorzugsweise im Briefmarkenformat, mit denen ich zur Freude meiner Lehrerin meine Schulhefte verzierte. Oder besorgte mir von Mama Stoffreste, Fäden, Kleber, Pappe

u.a. und bastelte an meinen Multi-Kulti-Figuren oder anderen kleinen Dingen. Dabei durfte mir keiner helfen, auch abends mein Vater nicht, obwohl er ausgezeichnet malen und zeichnen konnte. Er malte und zeichnete aber im normalen Format, also Bilder, die man an die Wand hängen konnte.

Eine willkommene Zeit für schöngestaltete Texte mit Bildchen bot die Adventszeit. Fräulein Disselkamp schrieb in der Adventszeit jeden Tag einen Spruch an die Tafel, Texte aus Psalmen, Kirchenliedern oder sonstigen himmlischen Werken, die ich allerdings nicht immer verstand. Unsere Lehrerin hatte sie uns sicher erklärt, aber wahrscheinlich habe ich da nicht aufgepasst, auch waren mir die Texte nicht so wichtig, ich wusste ja, dass es fromme Texte waren und da lohnte es sich immer, diese freiwillig mit kleinen Bildchen zu schmücken. Für die Seiten der vier Advents-Sonntage mussten alle Schüler die Texte säuberlich zu Hause in Schönschrift auf das Papier bringen und die jeweilige Anzahl von Kerzen dazu malen. Am letzten Schultag vor den Weihnachtsferien brachte Fräulein Disselkamp einen Locher und gelbe Geschenkbändchen mit in die Schule. Jeder Schüler legte seine Seiten, die so groß wie Postkarten waren, in der richtigen Reihenfolge aufeinander. Fräulein Disselkamp lochte sie dann am oberen schmalen Rand, fädelte das gelbe Geschenkbändchen hindurch und knüpfte zum Schluss, wenn alles richtig saß, ein Schleifchen hinein. Fertig war der immerwährende Adventskalender, den wir Weihnachten unseren Eltern schenken sollten.

1950

Omma und Oppa

Meine Omma (hochdeutsch: Oma) und mein Oppa (hochdeutsch: Opa) stammten beide aus dem heutigen Wuppertal, geboren in den 80er Jahren des 19. Jahrhunderts, meine Omma aus In der Hardt, einem Flecken mit damals sechs
Wohnhäusern und 57 Einwohnern im südöstlichen Zipfel der
Stadt gelegen und mein Oppa aus Laaken an der Wupper, ein
Flecken mit damals neun Wohnhäusern und 146 Einwohnern,
Richtung Beyenburg gelegen. Als sie geboren wurden, gehörten beide Ortschaften zu Lüttringhausen, einem Nachbarort,
der heute wiederum zu Remscheid gehört. Meinen Oppa hatte
es beruflich zuerst ins Ruhrgebiet und dann, als das Ruhrgebiet
1923 von den Franzosen besetzt wurde, nach Lauchhammer
in der Niederlausitz verschlagen, wo er als Gießer und Former
bei der 'Mitteldeutsche Stahlwerke A.G.' im Kunstguss arbeiten
wollte. Dort blieb er auch während des Dritten Reiches und der
DDR-Zeit und war dort bis zum Betriebsleiter aufgestiegen.
Lauchhammer war das erste Werk, das in Deutschland Eisen-
guss betrieben hatte. Bekannte Künstler wie Rauch, Rietschel,
Siemering und Moshage ließen ihre Werke in Lauchhammer
gießen. Die Abteilung Kunstguss goss neben Glocken aller Art
auch Denkmäler, Plastiken, Plaketten, Reliefs und Kleinplasti-
ken in Eisen und Bronze.

Oppa erzählte uns Kindern immer schöne Geschichten aus seinem Berufsleben in Lauchhammer. Auf Grund seiner Leistungen beförderte man ihn in der DDR-Zeit zum „Intelligenzler"
und er trug auch den Titel „Held der Arbeit". Und da ich stolz
darauf war, einen richtigen Helden in unserer Familie zu haben
- wie Prinz Eisenherz einer war -, hörte ich ihm aufmerksam
zu, wie er im Betrieb brenzlige Situationen meisterte und wie
er dumme und hinterlistige Parteileute demaskierte und kalt
stellte. Dabei konnte er herzhaft lachen. Oppa hatte einen Bo-
nus: Er war zeit seines Lebens ein geradliniger Gewerkschafter
und ein geradliniger Katholik und im Dritten Reich kein Partei-

mitglied gewesen. Auch in der SBZ und in der DDR betrachtete er die SED nur von außen. Dafür hatte er nach dem Krieg breite Unterstützung durch die Russen, da er auch Denkmäler nach Russland liefern musste. Diese Rückendeckung half ihm auch, sich SED-Pateibonzen vom Hals zu halten, wenn diese ihm zu nahe kamen. Aber weil er geradlinig und beruflich erfolgreich war, akzeptierten ihn schließlich auch die SEDler. Wenn unser Oppa erzählte, sah man ihm den Stolz auf seine Leistungen an und weil er so stolz darauf war, erzählte er uns diese Geschichten immer wieder. Dennoch hörten wir ihm immer wieder aufmerksam zu.

Omma dagegen war ständig damit beschäftigt, uns Lausbuben zu erziehen. Sie war eine strenge Omma, erlaubte nur das, was zweifelsfrei in ihrem und vielleicht auch im Sinne meiner Eltern war. Alles andere war tabu. Beim Essen musste es bei ihr immer schnell gehen: Wie eem gonnt de Backen, so gonnt eem ok de Hacken, hielt sie uns vor, wenn wir beim Essen drömmelten.

Im Januar 1950 wurde Oppa 70 Jahre alt. Da in Lauchhammer ein großes Familienfest geplant war, stieg unsere Familie in einen ‚Interzonenzug', so nannten wir die Züge zwischen den beiden Teilen Deutschlands, obwohl es keine Zonen mehr gab. Für uns gab es keine DDR, sondern nur den ‚anderen Teil Deutschlands'. Wir fuhren also nach Lauchhammer, eine nach Braunkohlenverfeuerung riechende graue, verstaubte Stadt, wo Omma und Oppa ein kleines Häuschen mit Garten hatten. Wir feierten mit den Beiden, mit Tante und Onkel, den drei Vettern und unserer Base, mit dem Pfarrer, einer Werksvertretung und einem Vertreter seiner Gewerkschaft in einem Raum des Lauchhammerwerkes, weil die Wohnung dafür zu klein war. Nach dem Festtag blieben wir noch einige wenige Tage in Lauchhammer. Als ich einmal alleine durch den Ort spazierte, entdeckte ich in einem Schaufenster ein paar von den Engeln aus dem Engelkonzert von Wendt & Kühn aus Grünhainichen im Erzgebirge. In diese Elfpunktengel verliebte ich mich sofort und erzählte das auch meinem Oppa. Oppa gab mir Geld und ich durfte mir in diesem Laden einen Engel kaufen, den ich stolz mit nach Hause nahm. Dieser in Lauchhammer erstandene Engel war der Grundstock für ein großes Engelorchester, das ich bis in meine alten Tage hinein jedes Jahr ergänzte und vergrößerte. Oppa schenkte mir dann zu jedem Geburtstag, zu Ostern und zu Weihnachten immer einen Engel oder brachte einen Engel mit, wenn Omma und Oppa uns im Westen besuchten. Dafür schickten wir regelmäßig Päckchen ‚in die Zone' mit Kaffee und Dingen, die man dort nicht bekam.

Omma und Oppa, die beide Barmer Platt sprachen, nannten sich ‚Matta' für Martha und ‚Caal' für Carl. Obwohl Matta auch mal laut werden konnte, liebten sich die Beiden sehr. Als Matta im Juni 1976 starb, folgte ihr Caal nach nur sechs Wochen. Ein Leben ohne Matta konnte es für ihn nicht geben.

Meine Erstkommunion

Das Jahr 1950 war ein ganz wichtiges Jahr; denn ich würde zum ersten Mal zum Tisch des Herrn, zum ersten Mal zur Heiligen Kommunion gehen. Und damit ich dies mit Bewusstsein und tiefem Glauben erleben konnte, wurde ich in einer konzertierten Aktion von Pfarrer, Fräulein Disselkamp und meiner Mutter auf das große Ereignis vorbereitet. Meine Mutter fuhr mit mir erst einmal zum Wallfahrtsort Neviges im Bergischen Land, ein Steinwurf von Wuppertal entfernt. Gut, dass es einen Wallfahrtsort im eigenen Ländchen gab, da musste man nicht so weit weg fahren und konnte alles Spirituelle und Weltliche an einem Tag erledigen. Wir erreichten den Ort, indem wir mit der Eisenbahn nach Wuppertal-Vohwinkel fuhren und von da aus Richtung Steele auf der Prinz-Wilhelm-Bahn. Einem Franziskanermönch war im 17. Jahrhundert in Neviges die Heilige Jungfrau erschienen, worauf die Menschen nach Neviges pilgerten. Aber nicht nur das: Papst Clemens XII. sagte allen Neviges-Pilgern einen vollkommenen Ablass der Sündenstrafen zu. Ich war froh, dass ich bei unserem Besuch mein Sündenpäckchen abgeben konnte, denn eine reine Seele zu haben war schon ein erhebendes Gefühl. Allerdings konzentrieren sich meine Erinnerungen an die Wallfahrt nach Neviges weniger auf den spirituellen Teil der Wallfahrt, als vielmehr auf die Andenkenbüdchen, die den Wallfahrtsort zierten. Meine Mutter kaufte mir an diesen Büdchen den Hl. Antonius in einem kleinen Vitrinendöschen, die Wundertätige Medaille und einen Kinder-Rosenkranz aus Glasperlen. Glücklich fuhr ich mit diesen Devotionalien wieder nach Hause und hatte bereits den ersten Schritt auf dem Weg zur Ersten Heiligen Kommunion getan. Fräulein Disselkamp begleitete die Vorbereitung mit Diktaten und Aufsätzen. So finde ich in meinem Schreibheft die Lebensregel:

‚Kein Tag ohne Gebet.

Kein Sonntag ohne Heilige Messe.

Kein Monat ohne Heilige Beichte und Heilige Kommunion'.

Fräulein Disselkamp beschäftigte uns im Unterricht eine Zeit lang mit dem Thema ‚Nächstenliebe‘ und so fand ich in meinem Schreibheft über die Mutterliebe folgenden Aufsatz von mir:

‚Mutter hat geholfen.

Als wir noch im Erzgebirge wohnten, war vor unserm Haus ein schöner großer Park. Es standen viele ausländische Bäume dort. Manche hatten 5 cm lange Dornen. Eines Tages spielten wir in dem Park. Ich hatte meine Strümpfe und Schuhe ausgezogen. Auf einmal hatte ich einen argen Schmerz am Fuß. Da sah ich, daß ich einen großen Dorn im Fuß stecken hatte. Mein Bruder holte meine Mutter. Meine Mutter zog mir gleich den Dorn heraus. Sie trug mich in die Wohnung und verband mir den Fuß. Am anderen Tag war alles wieder gut. Inhalt: 1, Fehler: 0, Schrift: 4‘, was bedeutete: Alles in Ordnung, aber die Schrift war ‚zum Schuhe ausziehen‘!

Wir lernten Gebetstexte und Lieder. Fräulein Disselkamp ließ gerne singen und ich sang gerne mit, weil ich mich dabei nicht sonderlich anstrengen musste. Wir übten vor allen Dingen das Lied ‚Jesu, Jesu, komm zu mir!‘ Mit allen sechs Strophen. Ich war ein frommes Kind und betete fleißig, ja ich erfand eigene Gebete. Ich legte mir sogar ein eigenes Heft für Gebete und fromme Gedanken an. Ich schrieb zum Beispiel nieder, wie man am besten aus dem irdischen Elend ins Paradies kommen könne: mit Hilfe einer Brücke! Ich malte diese Brücke, wie sie den Graben zwischen dem irdischem Hier und dem paradiesischem Dort überwindet. Damit zeichnete sich schon damals meine Karriere vom spirituellen Brückenbauer zum späteren Stahlbrückenbauer ab. Herr Pfarrer hielt den Beicht- und Kommunionunterricht. Wir lernten erst einmal die zehn Gebote auswendig. Das war nicht schwierig. Dann folgte das Kapitel der Gewissenserforschung. Da die erste Beichte bevorstand, konnte ich mir nicht die Sünden überlegen, die ich seit der letzten Beichte begangen hatte. Herr Pfarrer sagte uns Kommunionkindern, dass wir einfach die Sünden der letzten Zeit erfassen und beim ersten Mal zu Papier bringen sollten - natürlich jeder für sich und ohne fremde Hilfe. An Hand eines Beichtspiegels fing ich also an:

Erstens: Du sollst keine fremden Götter neben dir haben! Kein Problem dachte ich, ich glaube nur an den einen lieben Gott und an seinen Sohn Jesus Christus und an den Heiligen Geist. Aber so leicht machte es mir der Herr Pfarrer nicht. Ich las: War ich beim Beten unandächtig? Habe ich zu wenig gebetet? Habe ich die Biblische Geschichte oder den Katechismus nicht gelernt? Habe ich die Christenlehre versäumt? Natürlich nicht, dafür sorgte schon meine Mutter. Also aufschreiben: Ich war beim Beten unandächtig.

Zweitens: Du sollst den Namen des Herrn, deines Gottes nicht verunehren! Mmm. Da fiel mir ein, dass ich manchmal geflucht habe: Himmelherrgott! Herrgott nochmal! Schweinepriester! Aber Schweinepriester habe ich aber nur anderen Straßenkindern zugerufen, vielleicht noch meinem Bruder, wenn der bei unserer Schlägerei auf mich oder auf mir, auf jeden Fall auf mek saß und hässlich grinste und ich wehrlos war! Also aufschreiben: Ich habe öfters geflucht.

Drittens: Gedenke, dass du den Sabbat heiligst! Habe ich in der Kirche geschwätzt? Bin ich faul und träge gewesen? Bin ich zur Heiligen Messe zu spät gekommen? Beim dritten Gebot hagelte es schon mehr Sünden auf meinen Zettel. Klar habe ich in der Kirche geschwätzt, ich war auch mal faul und zu spät bin ich auch gekommen. Also alles aufschreiben.

Viertens: Du sollst Vater und Mutter ehren, auf dass es dir wohl ergehe und du lange lebest auf Erden. Bin ich ungehorsam gewesen? Bin ich frech gegen sie gewesen? Habe ich nur widerwillig gehorcht? Oh je, auch hier schien ich alles verbrochen zu haben, was man verbrechen kann. Hatte ich nicht einmal meinen Vater ‚Arschloch‘ genannt, als er mich über den Stuhl gelegt hatte? Vielleicht war das sogar eine schwere Sünde und keine lässliche, wie die anderen. Ich dachte, das kann ich doch unmöglich dem Herrn Pfarrer erzählen! Ich schrieb also auf: Ich habe meinen Vater beschimpft. Das war die Wahrheit, die reine Wahrheit, sagte ich mir.

Fünftens: Du sollst nicht töten. War ich ein guter Kamerad? Habe ich den Schwachen geschützt? War ich zornig? War ich schadenfroh? Mir fiel nichts ein. Also schrieb ich: Ich war zornig. Denn das war sehr wahrscheinlich, auch wenn ich mich nicht an Konkretes erinnern konnte. Ich dachte: Lieber zu viel Sünden aufschreiben als zu wenig.

Sechstens: Du sollst nicht ehebrechen. Habe ich schlechte Bilder gern angeschaut? Habe ich den Leib unschamhaft angefaßt? Von anderen anfassen lassen? Ich überlegte und schrieb: .... Hallo, nein, das geht zu weit! Ich beichte doch nicht dem Leser!

Ich schrieb also weiter und weiter. Zum Schluss staunte ich doch über meinen Zettel mit einer respektablen Sündensammlung. Ich prägte mir diese meine Sünden ein und bei meiner ersten Beichte ging ich mit einem großen Bammel in den Beichtstuhl, kniete mich nieder, machte ein Kreuzzeichen, sagte Im Namen des Vaters und des Sohnes und des Heiligen Geistes und begann: In Demut und Reue bekenne ich meine Sünden. Erstens, ich war beim Beten unandächtig, zweitens, drittens,..........zehntens, ... Das sind meine Sünden. Ich bereue sie von Herzen. Der Herr Pfarrer lehnte sich zurück, betete etwas auf Lateinisch und als ich die Worte ... ‚Et ego te absolvo a peccatis tuis in nomine Patris, et Filii, et Spiritus Sancti, Amen' hörte, wusste ich, dass meine Sünden vergeben waren. Und ich nahm mir ernsthaft vor, ein besserer Junge zu werden. Ich machte das Kreuzzeichen, er sagte mir, dass ich zur Buße ein Vater unser und ein Gegrüßet seist du Maria beten sollte, was ich auch gleich in der Kirchenbank tat - und dann war ich erleichtert.

Im Kommunionunterricht lernten wir den Aufbau der Messe und die Übersetzungen einiger lateinischer Texte, die immer wieder in der Messe gebetet wurden, die ich bisher alle mitgeplappert, aber nicht verstanden hatte. So wurde das erste Quartal 1950 ein überwiegend frommes Quartal. Die Konzentration auf das große Ereignis nahm von Monat zu Monat zu und am 23. April, am Sonntag nach dem Weißen Sonntag, zog ich ein weißes Hemd und einen blauen Anzug, den mein Bruder schon zu seiner ersten Kommunion getragen hatte, an und mein Vater band mir noch eine Krawatte um den Hals. Mit der Kommunionkerze in der Hand schritt ich zusammen mit der Familie und der ganzen Verwandtschaft aus Wuppertal, einschließlich meinen beiden Großeltern aus dem Rheinland und aus der ‚Zone‘, zur St. Raphaelskirche in Langerfeld. Die Aula des Carl-Duisberg-Gymnasiums war für diesen Anlass nicht feierlich genug und da die Gemeinde von St Raphael am Weißen Sonntag selbst Erstkommunion feierte, bekam unsere Gemeinde St. Johann Baptist den Sonntag danach für ihre Erstkommunionfeier zugeteilt. Es war eine wunderbare Messe mit mehreren Priestern, vielen Messdienern, viel Weihrauch und dem Gesang des Kirchenchores. Nach dem Evangelium und der Predigt widersagten wir dem Teufel in einem Frage- und Antwortgespräch mit dem Herrn Pfarrer: Widersagt ihr dem Teufel? - Wir widersagen. - Und allen seinen Werken? - Wir widersagen. - Und all seiner Pracht? - Wir widersagen. Dann folgte das Glaubensbekenntnis, ebenfalls im Frage- und Antwortgespräch. Die Heilige Wandlung vollzog der Herr Pfarrer am Hochaltar mit dem Rücken zu den Gläubigen - damals noch im uralten Ritus. Wir schritten zur Kommunion, es war ein aufregender Moment, und bekamen die Hostie auf die Zunge gelegt. Wir gingen zu unseren Bänken zurück, beteten und sangen schließlich das Lied: ‚O Jesu, all mein Leben bist du‘, ein Lied, das mir damals und auch noch heute tief ins Herz ging und geht. Nach der Messfeier bekamen wir vom Herrn Pfarrer eine Urkunde überreicht ‚als Andenken an die erste hl. Kommunion am 23. April 1950‘. Sie gab mir folgenden Spruch mit auf meinen weiteren Lebensweg:

‚Stern, nach dem ich schaue,

Fels, auf dem ich steh,

Führer, dem ich traue,

Stab, an dem ich geh,

Brot, von dem ich lebe,

Quell, an dem ich ruh,

Ziel, nach dem ich strebe, -

Alles, Herr, bist Du!‘

‚Stab, an dem ich gehe ...‘ stand auf der Urkunde geschrieben und der kleine Junge auf dem Bild, vom Schutzengel behütet, hat einen Stock in der Hand! Das ist eine merkwürdige Begebenheit, Bild und Text für den Stöckskespitter gezeichnet und geschrieben! Auch der Schutzengel hatte mich bisher gut beschützt und musste noch oft in meinem Leben eingreifen, um das Schlimmste zu verhüten. Mein Herr Pfarrer muss schon damals sehr ökumenisch gewesen sein, denn man findet den Spruch in keinem katholischen Gebet- und Gesangbuch. Es ist ein evangelisches Kirchenlied aus der Zeit der Romantik und bis heute bei den Protestanten sehr beliebt. Ein Lob auf meinen Pfarrer von St. Johann Baptist ‚auf Oberbarmen' (wie die Alteingesessenen sagen), dass dieses schöne Lied auf diese Weise Eingang in die katholische Kirche und zu mir gefunden hatte. Vielleicht ist der Pfarrer auf dieses Lied deshalb aufmerksam geworden, weil es vom Verlag des Erziehungsvereins in Elberfeld gedruckt wurde und die Verfasserin der Melodie, Mina Koch, ab 1876 in Elberfeld wohnte. Die Urkunde schlummerte seit meiner Erstkommunion sechsundfünfzig Jahre in irgendwelchen Mappen. Erst kurz vor meiner Pilgerreise nach Santiago de Compostela im Jahre 2006 entdeckte ich die Urkunde wieder und war über den Text und seiner ganz persönlichen Deutung tief berührt. Einerseits war da der Stöckskespitter, anderseits auf der Urkunde der Junge mit dem Stock - und nach 56 Jahren griff ich wieder zu einem Stock, brannte meinen Kommunionspruch von 1950 hinein und wanderte damit 2600 Kilometer nach Santiago de Compostela. Diese Stöckskesgeschichten schienen mir sehr sinnhaft zu sein, obwohl ich keine Kausalbeziehung darin erkennen konnte. Dennoch mochte ich nicht an einen Zufall glauben.

Als wir nach der Erstkommunion wieder zu Hause angekommen waren, widmete ich mich meinen Geschenken. Verlockend stand auf dem Gabentisch ein Sandkuchen-Osterlamm und einige Tafeln Schokolade. Mein bisheriger Kontakt mit Schokolade war äußerst gering. Und was dem Menschen versagt bleibt, gewinnt an Bedeutung bis zum dämonischen Verlangen. Ich begann also Schokolade zu essen und ich muss wohl so berauscht von dem Geschmack gewesen sein, dass ich in zwei Tagen alle Tafeln ratzeputz aufgegessen hatte. Da man ja im Leben alles Unangenehme verdrängt, weiß ich nicht mehr, wieviele Tafeln ich gegessen habe. Aber meine Mutter weiß es noch ganz sicher: Es waren sieben! Als mich irgendwann meine Mutter fragte, wo denn die Schokolade sei, die ich geschenkt bekommen hätte, überfiel mich ein furchtbar schlechtes Gewissen. Du hast nicht einmal deinem Bruder ein Stück abgegeben?, fragte meine Mutter. Ich schwieg. Ich schämte mich am Tag nach dem Tag, an dem ich zum ersten Mal zum Tisch des Herrn gegangen war, so sehr wie Adam und Eva, als sie entdeckten, dass sie nackt waren. Ich stand plötzlich auch nackt in der Wohnung, erkannte, dass ich zwar juristisch korrekt gehandelt hatte, moralisch aber verwerflich. Gerade war ich am Tisch des Herrn gewesen, und noch am gleichen Tag hatte ich mich der Völlerei und dem Eigennutz hingegeben, so wie Petrus, mein Namenspatron, der Jesus in der Nacht nach dem Abendmahl verraten hatte. An diesem Tag hätte ich Prügel verdient gehabt, aber es war gerade Weißer Sonntag gewesen, da ließen es meine Eltern mit einer Standpauke bewenden. Omma und Oppa aus der Zone blieben noch eine Woche im Höfen. Als mein Bruder und ich eines Tages mit Omma allein zu Hause waren - Oppa war ganz sicher beim Köbes auf Besuch, Papa arbeitete und Mama war unterwegs -, wollten wir Kinder uns aus dem Schrank etwas zu Essen holen. Unsere Omma verbot uns das ohne wenn und aber. Ek hol mek gliek wat, neckte ich Omma, die nicht bereit war mit uns zu verhandeln. Wir aber ließen nicht locker, bis Omma schimpfte: Ek schlo önk gliek mem Kochlööpel öme Ohren, woll?!, sich einen Stuhl nahm, ihn vor den Schrank schob und sich auf den Stuhl setzte. Damit war das Thema praktisch erledigt. Omma hatte es ausgesessen.

Stern, nach dem ich schaue; Fels, auf dem ich steh; Führer, dem ich traue, Stab an dem ich geh; Brot, von dem ich lebe; Quell, an dem ich ruh, Ziel, nach dem ich strebe, – Alles, Herr, bist Du!

✠

Peter Schnell

als Andenken an die erste hl. Kommunion am 23. April 1950

in der St. Raphaelskirche zu Wuppertal

überreicht vom Seelsorger:

Pfarrer an St. Johann Baptist

M. Dor. Brockmann O. S. B.   Schünenverlag Eisenach Liegefl Nr. 57

Papas Geschäftswagen

So langweilig auch die Sonntagsspaziergänge waren; an einem Sonntag sprangen wir vor Freude in die Luft: Papa wollte mit uns in seinem vom ‚Blauen' zur Verfügung gestellten Geschäftswagen eine Spritztour unternehmen. Papa nutzte das Auto für Fahrten zu Architekten, zur Stadtverwaltung, zu Bauherren, zu Baustofflieferanten und zu den Baustellen, die er zu betreuen hatte und legte immer großen Wert darauf, Geschäftliches und Privates zu trennen. An diesem einen Sonntag machte er aber eine Ausnahme und kündigte an, mit seiner Familie eine Fahrt in seinem Geschäftswagen machen zu wollen.

Seit Carl Friedrich Benz werben die Automobilfirmen mit ‚Frauen auf der Haube'. Meine Mutter hätte im Jahre 1950 ein gutes Auto-Model sein können!

Wir staunten nicht schlecht, als er mit seinem Mercedes-Benz W 136 vorfuhr. Wir kannten bis dahin dieses Auto nicht, denn mein Vater benutzte es auch nicht für die Fahrten von zu Hause ins Büro und umgekehrt, sondern nur für Geschäftsfahrten, ansonsten stand das Auto beim Blauen. Wir stiegen also im

‚Sonntagstaat' ein und dann ging es los, über holpriges Pflaster raus aus Oberbarmen nach Witten in Westfalen. Warum wir ausgerechnet nach Witten fuhren, weiß ich nicht mehr; ich weiß nur noch, dass es eine wunderbare Fahrt war. Wir Kinder waren auf unseren Vater stolz, der mit so einem Auto seine Arbeit verrichten durfte. Leider blieb es bei diesem einen Ausflug mit Papas Geschäftswagen.

Besuch in einem Wupperkotten

Im Heimatkundeunterricht lernten wir das Bergische Heimat-
lied auswendig und sangen es in diesen Tagen immer wieder:
‚Wo die Wälder noch rauschen, die Nachtigall singt,
die Berge hoch ragen, der Amboss erklingt.
Wo die Quelle noch rinnet aus moosigem Stein,
die Bächlein noch murmeln im blumigen Hain.
Wo im Schatten der Eiche die Wiege mir stand,
da ist meine Heimat, mein Bergisches Land,
da ist meine Heimat, mein Bergisches Land.‘
Vor allem gröhlten wir den Refrain, wenn wir das Lied im Frei-
en sangen.
Fräulein Disselkamp erzählte uns von den vielen Schleifkotten,
die es im Bergischen Land gab und die von der Wasserkraft
der Wupper und seiner Zuflüsse angetrieben wurden. Wasser
gab es genug im Bergischen und das Gefälle des Landes Richtung Rhein war enorm. Allein in Solingen hat die Wupper ein
Gefälle von über fünfzig Metern. Und allein in Solingen gab
es vierundzwanzig wassergetriebene Wupperkotten und noch
viele weitere an den Nebenflüsschen der Wupper. Alles, was
schneidet, wird im Bergischen Land hergestellt, sagte Fräulein
Disselkamp. Ich lernte, dass fünfundachtzig Prozent der deutschen Schneidwaren in Solingen hergestellt und davon siebzig
Prozent ins Ausland geliefert wurden. Unsere Lehrerin erklärte
uns, wie ein Kotten funktioniert: Das Wasserrad treibt über
eine Achse das große Steinrad an, das die Kraft weiter über
Transmissionsriemen an die großen Schleifsteine, die einen
Durchmesser bis zu drei Metern haben, weitergibt, von dort
weiter an die sogenannten Pliestscheiben, die Polierscheiben,
die aus Buchenholz bestehen, mit Rindsleder überzogen sind
und die bis zu 1400 Umdrehungen pro Minute erreichen. Die
Dampfkraft und der Strom haben die meisten Wasserkotten
sterben lassen, denn Hochwasser, Kälte und Niedrigwasser ver-
schafften den Schleifern viele arbeitsfreie Tage, an denen sie
kein Geld verdienen konnten.

Als es in Wuppertal wieder Sommer wurde, beschloss Fräulein Disselkamp, ihren Schülerinnen und Schülern einen Wupperkotten zu zeigen, solange es überhaupt noch welche gibt, wie sie sagte. Wir fuhren an einem warmen Maitag mit dem Bus durch das Bergische Land, vorbei an den wunderschönen Fachwerkhäusern mit den grünen Schlagläden, vorbei an Textilfabriken, vorbei an der Müngstener Brücke, ‚dem Wunderwerk deutscher Baukunst', laut Fräulein Disselkamp. Wir fuhren nach Solingen und dort zum Wipperkotten, einem Schleifkotten an der Wupper. Wir stiegen aus dem Bus und Fräulein Disselkamp meldete uns erst einmal beim Betreiber des Kottens an. Es dauerte nicht lange bis ein freundlicher Handwerker herauskam und uns begrüßte. Noch im Freien erklärte er uns, wie ein Kotten betrieben wird - was wir ja schon bei Fräulein Disselkamp gelernt hatten - und führte uns zum Wassergraben mit dem großen unterschlächtigen Wasserrad. Er führte uns in das Innere des kleinen Kottens und belehrte uns, dass wir immer einen großen Abstand zu den Schleifeinrichtungen halten müssten. Aber Fräulein Disselkamp passte schon auf. Wir sahen, wie die Rücken der Messer am trockenen Stein, die Klingen am großen Stein geschliffen und an den Pliestscheiben poliert wurden. Wir schauten den Handwerkern zu und staunten über die Präzisionsarbeit ihrer Hände an diesen scheinbar groben Werkzeugen. Die Arbeiten der Schleifer und die Werkstatt beeindruckte mich so, dass ich, als wir wieder zu Hause waren, gleich auf einem großen Blatt Briefpapier den Kotten zeichnete. Es muss eine sehr schöne Zeichnung gewesen sein, weil mich Fräulein Disselkamp dafür lobte und die Zeichnung nicht nur der ganzen Klasse zeigte, sondern sie anschließend auch in eine Sammelmappe legte, in der sie nur die schönsten Zeichnungen ihrer Schüler aufbewahrte. Einerseits war ich stolz darauf, dass meine Zeichnung und der Zeichner so gelobt wurden, andererseits bedauerte ich, dass ich sie nicht mehr selbst betrachten konnte. Aber ich wusste, dass ich sie am Ende des Schuljahres wieder zurückbekommen würde.

Ich wollte Förster werden

Da ich inzwischen problemlos lesen und schreiben konnte, bekam ich zum Geburtstag mein erstes Buch - wenn man von den Schulbüchern absieht - geschenkt, ein Kinderbuch für meine Altersklasse: ‚So schön ist's nur im Försterhaus' hieß es. Der Protagonist, ein dreizehnjähriger Junge, will unbedingt Förster werden und hat das Glück, einen Onkel zu haben, der genau diesen Beruf als Privatförster bei dem Eigentümer eines großen Gutes ausübt. Der Junge erlebt den Wald und seine Tiere während der Oster-, Sommer-, Herbst- und Weihnachtsferien in allen Details. Er beobachtet mit Hingabe Kiebitze, Fasanen, Eulen, Hornissen, Grillen Igel, Rehe, Hirsche, Hühnerhabichte, Wilddiebe, Füchse, Marder. Er erlebt eine Wildschwein-Treibjagd und - wie ich im Barackenlager - einen Waldbrand, bei dem er sogar ein Menschenleben rettet und bekommt am Ende des Jahres, gewissermaßen als Weihnachtsgeschenk, von dem Gutsbesitzer und Jagdherrn die Erlaubnis bei seinem Onkel später eine Försterlehre anzutreten und die Zusage, bei Eignung eines Tages in die Fußstapfen seines Onkels treten zu können. Das Glück des Jungen ist perfekt - und mein Glück war es auch und ich erklärte meinen Eltern, dass ich Förster werden wolle. Der Beruf des Bauern war ja bereits durch die Existenz von Prinz Eisenherz in Frage gestellt worden, allerdings hatte ich meinen Eltern von meinem Wunschberuf „Ritter" nie etwas erzählt; ich wusste ja selbst nicht genau, wie man es anstellen muss, um Ritter zu werden. Es war wohl eher der Beruf meiner Kinderträume und nun war ich ja schon neun. Meine Eltern nahmen meine neue Berufswahl ohne Gefühlsausbrüche hin. Ich wertete das als Bestätigung meiner soliden Berufsplanung.

Tuffi

Wuppertals einzigartiges und weltbekanntes Verkehrsmittel war und ist die Schwebebahn. Der Name ist technisch betrachtet irreführend, denn die Bahn schwebt nicht, sondern fährt als eine Einschienenhängebahn zwischen Oberbarmen und Vohwinkel, von Oberbarmen aus 10,6 Kilometer lang über der Wupper und dann noch 2,7 Kilometer bis Vohwinkel über Straßen. Im Bewusstsein, dass die Schwebebahn eine große Aufmerksamkeit in der Welt genießt, wollte der Zirkus Althoff, der gerade in Wuppertal sein Zelt aufgeschlagen hatte, zusammen mit dem Verkehrsbetrieb eine besondere PR-Aktion starten. Der handzahme Jungelefant Tuffi war auserkoren, ein Stück mit der Schwebebahn zu fahren. Ganz lieb stieg Tuffi die Stufen zum Bahnsteig hinauf und in die Schwebebahn ein. Tuffi teilte sich das Abteil mit Zirkusdirektor Althoff und einigen Reportern, die übrigen Reisenden fuhren im Nachbarabteil, das über eine Verbindungstür mit Tuffi verbunden war. Als sich der Zug in zehn Meter Höhe in Bewegung setzte, wurde Tuffi unruhig. Er trompetete und machte deutlich, dass ihm die Schaukelei hoch über der Wupper überhaupt nicht gefiel. Schließlich wurde er aggressiv und fing zum Schrecken des Zirkusdirektors und der Reporter in dem Abteil an zu toben. Nichts konnte ihn beruhigen, bis er schließlich die Seitenwand eintrat und sich zwischen den Stationen Alter Markt und Adlerbrücke zehn Meter tief in die knapp fünfzig Zentimeter tiefe Wupper stürzte. Er hinterließ nur leicht verletzte, aber zu Tode erschrockene Reporter und einen kurz vor dem Herzinfarkt stehenden Zirkusdirektor. Wie durch ein Wunder blieb Tuffi so gut wie unverletzt und die Stadt Wuppertal lieferte der internationalen Presse unbeabsichtigt eine Sensationsgeschichte. Zirkusdirektor Althoff führte den inzwischen wieder ganz friedlichen Tuffi aus der Wupper heraus und wieder heim in den Zirkus. Tuffi stand dann jeden Abend vor der Vorstellung am Eingang des Zirkuszeltes und begrüßte die Zirkusbesucher - und er war dabei ganz, ganz lieb.

Der Pflaumenstein und seine Folgen

Genau acht Tage später, zu meinem Namenstag, an ‚Peter und Paul', kaufte meine Mutter für die ganze Familie eine Tüte Backpflaumen. Ich hatte bisher in meinem Leben noch nie Backpflaumen gegessen. Es war das erste Mal, wie so vieles in dieser Zeit das erste Mal war, was man an Lebensmitteln bekam. Und ob es das Unbekannte war oder die Gier: Ich verschluckte mich gleich an der ersten Pflaume und fing furchtbar an zu husten. Ich würgte, hustete und würgte weiter, während mir die Familie auf den Rücken klopfte. Aber das Würgen und Husten hörte nicht auf, so dass meine Eltern noch am selben Abend mit mir zum Arzt eilten, der mich abhörte und uns alle beruhigte. Der Stein säße in der Speiseröhre fest, meinte er und er empfahl meinen Eltern, mir Salzkartoffeln zu kochen, die ich dann trocken essen sollte. Die Kartoffeln würden ganz sicher den Stein in Richtung Magen mitnehmen. Meine Mutter kochte Salzkartoffeln und ich aß sie trocken und hustete mir trotzdem fast die Lunge aus dem Leib. In der Nacht beruhigte sich zwar der Husten, aber im Hals drückte es ständig. Ich spürte den Fremdkörper, der nicht weiterrutschen wollte. Auch der folgende Tag brachte mir keine Erleichterung. Als ich aber am darauf folgenden Tag Blut spuckte, eilten meine Eltern mit mir wieder zu unserem Hausarzt, der mit Entsetzen feststellte, dass der Stein nicht gewichen war, und eine Verletzung der Speiseröhre diagnostizierte. Er überwies mich sofort in das Barmer Krankenhaus und im Eiltempo machten wir uns auf den Weg. Unterwegs bekam ich immer schlechter Luft und konnte mit den Eltern nicht mehr Schritt halten. Die aber hatten es mit Recht eilig, fassten sich deshalb an beiden Händen, setzten mich auf ihre Arme und liefen, so schnell sie konnten, weiter. Nach einigen hundert Metern taten meiner Mutter die Arme so weh, dass mein Vater mich auf seine Schulter setzte und mit mir und meiner Mutter weiter rannte. Die Ärzte, die mich in Empfang nahmen, machten meinen Eltern gleich schwere Vorwürfe, weil sie mich so spät ins Krankenhaus gebracht hätten. Dass unser Hausarzt die Oberpflaume war, an deren Stein meine Eltern nun zu schlucken hatten, war ihnen entgangen. Aber zum Diskutieren und Rechtfertigen blieb keine Zeit. Mein Pflaumenstein jedenfalls saß, so diagnostizierten sie, nicht in der Speiseröhre, sondern in der Luftröhre und rutschte bereits weiter in die Bronchien ab! Dann ging alles sehr schnell. Ich wurde auf einer Liege in den Operationssaal geschoben und man fing gleich an, mir den Stein ohne Narkose herauszuholen. Ich musste meinen Hals ganz weit nach hinten biegen, damit Mundraum, Hals, Speise- und Luftröhre eine Gerade bildeten. Immer wieder wurde ich ermahnt, meinen Hals so extrem gebogen zu halten, während mir die Ärzte ein dickes Rohr in den Hals und weiter in die Luftröhre schoben. Mit einer Spezialzange, die sie in das Rohr einführten, zogen sie schließlich den Stein heraus. Nach einer kurzen Erholpause bekam ich von den Schwestern ein Nachthemd angezogen und wir schritten alle in ein großes Kinderzimmer mit vielen kleinen Patienten, wo ich von den Schwestern ein Bett zugeteilt bekam. Die Ärzte sagten meinen Eltern, dass alles gut gegangen sei. Mit einer riesigen Erleichterung verabschiedeten sie sich von mir und wir alle freuten uns darauf, dass ich wahrscheinlich schon nach einer kurzen Zeit der Beobachtung wieder mit meinen Eltern nach Hause gehen könnte. Obwohl mein Hals heftig schmerzte, schlief ich vor Erschöpfung schnell ein.

Als ich erwachte, bemerkte ich sofort, dass ich nicht mehr in dem Kinderzimmer, sondern in einem Einbettzimmer lag. Eine Schwester saß an meinem Bett, lächelte mich an und stocherte immer wieder mit einer Feder vorne im Hals, unterhalb des Adamsapfels, offensichtlich in einem Loch herum. Ich wollte hingreifen, aber die Schwester hielt meine Hände fern und lächelte mich an. Sie sagte, es sei alles gut gegangen, in meinem Hals würde eine Kanüle stecken und sie müsse mir daraus den Schleim entfernen, damit ich genügend Luft bekäme. Ich verstand nichts und konnte auch nicht sprechen. Was war geschehen? Dann sah ich meine Eltern, die mit ernstem Gesicht am unteren Bettende standen. Der Blick meiner Eltern verriet mir den Ernst der Lage trotz lächelnder Schwester, die mir weiter erklärte, dass mein Kehlkopf zugeschwollen war und die Ärzte mir einen Luftröhrenschnitt gesetzt hätten und die Kanüle, ein Röhrchen, würde sicherstellen, dass ich immer Luft bekäme. Ich war benommen, das alles wollte nicht in meinen Kopf. Ich konnte nicht klar denken und schlief wieder ein. Gegen Abend erwachte ich. Eine andere Schwester saß an meinem Bett, lächelte mich an und putzte die Kanüle. Meine Eltern wachten immer noch bei mir, lächelten inzwischen auch, wenn auch etwas angespannt, und die Schwester tröstete mich und erzählte mir, dass mir die Kinder im Kinderzimmer das Leben gerettet hätten, nachdem ich luftringend aus dem Bett gesprungen und mitten im Saal zusammengebrochen und erstickt sei. Dann hätten die Kinder geschrien und die Schwestern geholt, die wiederum die Ärzte, die mir dann den künstlichen Luftzugang geschnitten hätten. Ja, die Kinder hätten mein Leben gerettet, sagte die Schwester. Sie tröstete mich, indem sie mir erzählte, dass die Kanüle wieder herausgenommen würde, sobald der Kehlkopf abgeschwollen sei. Dann würde auch das Löchlein im Hals wieder zugenäht werden und in ein paar Tagen sei ich wieder gesund. Als es dunkel wurde, verabschiedeten sich meine Eltern und ich spürte, dass sie schwer an meinem Schicksal trugen. Bereits am nächsten Tag wurde die Stimmung fröhlicher. Der Kehlkopf schwoll ab und der Arzt, der regelmäßig vorbeischaute, sagte, dass am nächsten Tag die Kanüle herausgenommen und der Hals zugenäht würde und ich bald wieder ganz gesund sei. Genauso war es: Der Hals beruhigte sich, die Kanüle kam heraus, das Loch wurde vernäht und ich konnte wieder reden. Ich blieb aber noch im Krankenhaus, die Ärzte wollten sicher sein und mich noch ein paar Tage beobachten und auch das Operationsgarn am Hals wieder entfernen. Inzwischen konnten meine Eltern wieder lachen und somit auch ich. Mein Bruder durfte mich nicht besuchen. Kinder waren von Besuchen grundsätzlich ausgeschlossen, mit Recht, wenn ich nur an die speckigen Lederhosen denke.

An einem der nächsten Tage erwachte ich früh und fühlte mich nicht gut. Ich war schlapp und mir war sehr heiß. Ich spürte in der Brust beim Schlucken und Husten Schmerzen, mir war schwindelig. Als die Visite kam, sah mich der Arzt merkwürdig an, fühlte meine Stirne und meinen Puls, hörte mich auf der Brust und auf dem Rücken ab und sagte: Wir haben Fieber. Dann ging wieder alles schnell. Ich wurde aus dem Bett geholt und zwei Schwestern stützten mich. Wir eilten in einen Raum mit vielen großen Geräten. Ich musste mich vor eine Platte stellen und eine andere Platte festhalten, die mein Pimmelchen abdeckte. Die Schwester, die mich in den Raum begleitet hatte, sagte mir, sie würde ein Foto von mir machen. Ich fragte mich, warum gerade jetzt? Jetzt verstand ich auch, warum ich mein Pimmelchen abdecken musste. Das wäre ja unschamhaft gewesen, es anschließend auf dem Foto anzuschauen. Beim Hinausgehen sagte sie noch, ich solle keine Angst bekommen, sie würde gleich wieder kommen. Ich bekam aber doch Angst, mir war übel, ich schwitzte und fror gleichzeitig. Sie kam wieder, nahm mir die Platte, die ich vor meinem Pimmelchen halten musste, wieder ab und führte mich zurück in mein Zimmer. Auf das Foto von mir wartete ich vergebens, statt dessen kam der Arzt wieder in das Zimmer, drückte mir auf die Brust und fragte mich, ob das weh täte. Ich sagte: ja. Er sah mich merkwürdig an und ging wieder aus dem Zimmer. Es dauerte nicht lange und meine Eltern traten ins Zimmer. Ich betrachtete sie und trotz Fieber erkannte ich, dass die Lage wieder einmal ernst war. Gott sei Dank, verstand ich damals nicht, wie bedrohlich meine Lage wirklich war, eigentlich hoffnungslos. Ich hatte eine akute Mediastinitis, wie die Mediziner sagen, eine Zwischenfellentzündung, wie man damals auf Deutsch sagte. Der Pflaumenstein hatte die Luftröhre verletzt und so konnten Bakterien in den Zwischenfellraum gelangen und dort am Bindegewebe, das die Organe stabil im Zwischenfellraum hält, eine Entzündung auslösen. Da sich diese sehr rasch ausbreitet, kann sie in kurzer Zeit auch die Organe, wie Herz, Lymphknoten, Lymphgefäße, Nerven u.a. schädigen. Früher nahm die Krankheit in der Regel einen tödlichen Verlauf. Das einzige, was mir noch eine Chance auf ein weiteres Leben geben konnte, war Penicillin. Penicillin war aber im Krankenhaus nicht vorhanden. 1944 kamen in Amerika und England die ersten Injektionspräparate auf den Markt, die hauptsächlich für verwundete Soldaten verwendet wurden. Nach dem Krieg reichte das in Europa vorhandene Penicillin bei weitem nicht aus, um alle Patienten, die es benötigten, damit zu versorgen. Der Schwarzhandel mit Penicillin blühte. Und wie so oft Mangelware Verbrechen begünstigt, begannen Gangster das Penicillin zu strecken, um den Gewinn zu steigern, was zu dauerhaften Schäden bei den Patienten bis hin zum Tode führte. Der Stoff wurde in dem Filmklassiker ,Der Dritte Mann' nach dem Drehbuch von Graham Greene verarbeitet. Erst 1950 schickten die Amerikaner einen ergiebigen Pilzstamm für die Penicillinproduktion nach Deutschland, die aber erst 1952 bei der Bayer AG beginnen konnte. Für mich kam diese Hilfe zu spät. Dennoch rettete mich die Farbenfabrik Bayer, noch zum Trust IG Farben gehörend, die 1942 aus Bodenproben vom Wupperufer (!) einen geeigneten Schimmelpilz isoliert hatte und damit trotz Kriegs- und Besatzungswirren 1950 ein eigenes Penicillin auf den Markt bringen konnte! Ich gehörte zu den allerersten Patienten überhaupt und war der allererste Patient im Barmer Krankenhaus, der mit diesem Mittel behandelt wurde. Es war meine Rettung in letzter Minute. Ich weiß noch, wie der Arzt mit einem kleinen Glasfläschchen, das mit einem Gummipfropfen verschlossen war, in mein Zimmer kam und mir mit Freude das Fläschchen zeigte. Das ist Penicillin und das wird dir helfen wieder gesund zu werden, sagte er. Meine Eltern im Zimmer hatten Tränen in den Augen. Ich war zu schwach, um die Freude zu verstehen. Ich kämpfte mit dem Fieber und sah nur, wie der Arzt eine Spritze aus seiner Tasche zog, die Nadel aufsetzte, den Gummipfropfen durchstach und den Inhalt auf die Spritze zog. Ich bemerkte in meinem dämmrigen Zustand nicht, wie mir der Arzt die erste Injektion in die Vene des Armes setzte. Dann begann das große Warten. Für meine Eltern muss diese Zeit qualvoll gewesen sein. Sie wussten ja, dass mein Leben am seidenen Faden hing. Etliche Gebete meiner Familie, der Verwandten und meiner Klasse dürften in diesen Tagen zum Himmel aufgestiegen sein. Jeden Tag kam der Arzt mit einem Glasfläschchen und einer Spritze. Und Gott hatte ein

Erbarmen mit mir. Nach ein paar Tagen sank das Fieber, mein Zustand besserte sich und ich begann mich wieder ganz langsam zu erholen. Mein Krankenhausaufenthalt dauerte vier Wochen, dann durfte ich wieder heim. Ich sei sehr tapfer gewesen, sagte mir zum Abschied der Arzt, der selber ganz stolz war, dass sein erster Penicillin-Patient dem Tod von der Schippe gesprungen war. Und als Andenken an die schwere Zeit schenk-

te er mir ein leeres Penicillin-Glasfläschchen. Ich las die Aufschrift: ‚Aquacillin, comp., 400 000 i.E.' und darüber war des Bayerkreuz aufgedruckt. Ganze vier Wochen verbrachte ich noch zu Hause, bis ich wieder hergestellt war. Das „hergestellt" schloss allerdings die Schäden, die meine Konstitution erlitten hatte, mit ein. Offensichtlich hatte auch mein Hirn einen Schaden davon getragen, denn in der Folgezeit litt ich unter einer geistigen Blockade, die sich erst später in der Pubertät wieder auflöste. Die Leistungen in der Schule ließen nach. Spontan gestellte Fragen oder Aufgaben blieben häufig unbeantwortet. Diese Blockaden wurden durch eine Abwehrhaltung, die ich in einer Bockigkeit auslebte, noch verstärkt.

Acht Wochen war ich nicht mehr in der Schule gewesen und bekam deshalb im Oktober auch kein Halbjahreszeugnis. Die folgende Zeit war für alle Beteiligten nicht einfach, obwohl ich mich an keine meiner Missetaten erinnern kann. Auch in der Schule muss sich wohl ein ganzes Sündenregister angesammelt haben, denn irgendwann platzte Fräulein Disselkamp der Kragen. Ich weiß nicht mehr, was ich in der Schule ausgefressen hatte. Aber einmal musste ich vortreten und Fräulein Disselkamp schlug mir und einem Mädchen mit einem Stöckchen auf die Hände. Als wir wieder auf unseren Plätzen saßen, holte Fräulein Disselkamp die Mappe mit den schönsten Zeichnungen aus dem Schrank, zog meine Zeichnung von dem Wipperkotten heraus, die Zeichnung, auf die ich besonders stolz war und die Fräulein Disselkamp der ganzen Klasse gezeigt hatte, weil auch sie sie so wunderschön fand. Sie hob diese Zeichnung demonstrativ hoch, so dass alle Schüler sie sehen konnten und zerriss sie in kleine Fetzen. Ich weiß nur noch, dass mir die Tränen in die Augen schossen und die Backen hinunterrollten und ich wie versteinert den weiteren Unterricht geistig völlig abwesend abgesessen habe. Fräulein Disselkamp hatte nicht nur die Zeichnung, sondern auch mein Herz zerrissen. Diese Show meiner Lehrerin war das Ende einer bis dahin guten Beziehung. Unser Verhältnis war zerrüttet und konnte auch nicht mehr gekittet werden. Diese Tat habe ich ihr nie verziehen und sie war aus heutiger Sicht auch pädagogisch unsinnig. Den negativen Nachwirkungen meiner Krankheit begegnete sie mit Härte. Aber ich ließ mich nicht von ihr in die

Knie zwingen. Ich zeigte ihr fortan, was ich von ihr hielt. Als ihr wieder einmal mein Verhalten missfiel, musste ich nachsitzen. Nach dem Unterricht durfte ich also nicht nach Hause gehen, sondern drückte weiterhin die Schulbank und machte wohl meine Hausaufgaben oder irgendwelche Strafarbeiten. Fräulein Disselkamp saß derweil an ihrem Lehrerpult und beschäftigte sich mit den Arbeiten ihrer Schüler. Irgendwann kam ich zu der Erkenntnis, dass ich Besseres tun könnte, als hier herum zu sitzen, prüfte die Möglichkeit einer Flucht, packte leise meine Sachen in den Schulranzen, stürmte zur Tür, rannte aus dem Schulhaus und ab nach Hause. Ich lief um mein Leben. Aber Fräulein Disselkamp war auch nicht auf den Kopf gefallen und schickte Schüler, die noch auf dem Schulhof waren, hinter mir her, mit dem Auftrag, mich zu stellen und zurückzubringen. Instinktiv blickte ich während meiner Flucht zurück und sah die Schar mich verfolgen. Von da an kalkulierte ich meine Geschwindigkeit genau ein: Immer einen ausreichenden Abstand halten, nicht zu schnell laufen, damit mich meine Kräfte nicht verlassen. Es gelang mir auch unbehelligt zu Hause anzukommen. Meine Mutter ahnte nichts Böses, auch sagte ich ihr nichts von meinem verwegenen Abenteuer. Als es dann aber an der Haustür klingelte und die Schülerschar eintrat und meiner Mutter von ihrem Auftrag berichtete, kam alles heraus. Meine Mutter, die sich keinen richtigen Reim aus allem machen konnte, entschloss sich kurzerhand mit uns allen wieder in die Schule zu laufen. Wir hätten nicht gedacht, dass der Peter so schnell laufen kann, erzählten meine Verfolger meiner Mutter. Sie meinten wohl ,so ausdauernd'. Und tatsächlich war nicht die Schnelligkeit, sondern die Ausdauer meine Stärke gewesen. Als wir allesamt vor Fräulein Disselkamp traten, sahen wir eine erzürnte, versteinerte Lehrerin vor uns. Das folgende Gespräch interessierte mich wenig, meine Mutter würde es schon richten, dachte ich. Und sie bemühte sich, die Wogen wieder zu glätten. Im folgenden Frühjahrszeugnis mit der Versetzung in die Klasse 4a stand unter Betragen: ,Peter fügt sich nicht der Schulordnung'.

Das große Aufräumen in Oberbarmen

Die Zeit änderte sich. Es ging den Menschen in Deutschland besser und das große Aufräumen nahm an Gründlichkeit zu. Alles akut Baufällige war bereits abgeräumt worden, zum Beispiel die Haarhaus-Ruine, die gegenüber unserem Wohnhaus stand und die wir Kinder nie betreten durften. Nun begannen die Stadtväter eine Ruine nach der anderen einzureißen, um Platz für Neubauten zu schaffen. Also stand eines schönen Tages ein Bagger mit einer Abrisskugel vor unserer Ruine, die mir fast drei Jahre lang als Abenteuerspielplatz gedient hatte. Wir hatten zwar schon etliche Abrissarbeiten im Inneren vorweggenommen, aber unsere geliebte Ruine stand immer noch - was die Außenmauern betraf - stabil am Straßenrand. Das Einreißen einer Ruine war eine spannende Sache. Der Bagger besaß einen Ausleger, der schräg nach oben ragte und in der Höhe verstellbar war. Am Ende des Auslegers befand sich eine Rolle, über die eine Kette lief, an der eine dicke Stahlkugel hing. Der Baggerfahrer musste die Kugel in die richtige Höhe bringen und sie dann hin und her schwingen und schließlich mit großem Schwung gegen die Wand donnern. Beim ersten Schlag rührte sich meistens noch nichts, dann kam langsam Bewegung in die Wand und schließlich brach ein großes Stück Wand in sich zusammen. Auf diese Augenblicke hatten wir gewartet und johlten, wenn wieder ein Stück Ruine in sich zusammenkrachte. Auf dem Platz vor der Absperrung standen die Menschen, die meisten waren Kinder aus dem Höfen, dicht gedrängt, um dem Ableben ihrer Ruine beizuwohnen. Als die spektakulärsten Einstürze vorbei und nur noch Restarbeiten erforderlich waren, lichtete sich der Platz und traurig gingen wir Kinder nach Hause. Man hatte uns den schönsten Spielplatz genommen. Wo sollten wir nun spielen? Die Sorge war aber nur kurzfristig aktuell. Kindern fällt immer etwas ein. Wir spielten fortan im Wäldchen hinter unserem Haus weiter, auf den Grauwackesandsteinfelsen oberhalb der Schule, an der Wupper und einfach auf der Straße. Arbeiter fingen an, auch die Straßen von den Kriegsschäden zu befreien und mit Pflastersteinen auszubessern oder ganz neu zu pflastern. Dies geschah auch im Höfen. Sie verbauten große Basaltsteine und was uns Kinder dabei faszinierte, war die Geschwindigkeit, mit der die Handwerker diese Arbeiten ausführten. Der Pflasterer selbst saß, mit einem Bein kniend, auf seinem Pflastererstühlchen, eine Holzscheibe, die mit einem einzelnen kurzen Stuhlbein auf dem Boden stand und nur dazu diente, beim Knien eine akzeptable Körperhaltung zu erreichen. Mit dem Pflastererhammer schob er den Sand zurecht, den ein anderer zuvor mit einer Schaufel herangeschafft hatte, setzte den Pflasterstein dicht an seine Nachbarsteine und richtete ihn mit einem schweren Schlegel aus Hartgummi aus. Ein weiterer Handwerker versorgte den Pflastersteinverleger mit Steinen, die er von einem Steinhaufen mit einer Steinzange heranschaffte. Jeder Handgriff saß, alles ging blitzschnell. Wenn eine Strecke verlegt war, klopfte ein weiterer Handwerker die Steinreihen Stein für Stein mit einer schweren Pflasterramme aus Holz und Eisen fest. Wir Kinder konnten den Handwerkern stundenlang zuschauen und waren erstaunt, wie schnell die neue Pflasterdecke wuchs.

So verschwanden allmählich die Spuren des Krieges und nur die Lücken in den Häuserreihen und die eilig und provisorisch errichteten eingeschossigen Bauten, in die meistens Geschäfte einzogen, zeugten noch von schlimmen Jahren.

Schalksmühle

Für die Kartoffelferien im Herbst 1950 beantragten meine Eltern bei der Stadt Wuppertal einen Erholungsaufenthalt für mich. Meine Krankengeschichte überzeugte die Beamten der Stadt und ich wurde dem städtischen Kindererholungsheim in Schalksmühle zugeteilt. Schalksmühle liegt im Nordwesten des Sauerlandes an der Volme, etwa zwanzig Kilometer östlich von Oberbarmen, mitten im Grünen. Meine Eltern lieferten mich im Bahnhof Oberbarmen ab, wo uns städtische Bedienstete in Empfang nahmen. An das Heim selbst habe ich nur wenige Erinnerungen. Wir unternahmen nicht viel. Die Tanten machten mit uns allerlei Spiele oder lasen uns vor. Nach dem Mittagessen mussten wir uns zwei Stunden zum Schlafen legen und durften im Schlafraum kein Wort sprechen. Immer wieder kamen Tanten vorbei und schauten, ob auch alle Augen geschlossen waren, was automatisch der Fall war, sobald wir nur Schritte auf dem Gang hörten oder die Türklinke sich geräuschvoll bewegte. Auch abends fand das gleiche Theater statt: Wir wurden früh ins Bett geschickt, mussten gleich das Licht auslöschen und uns mucksmäuschenstill verhalten. Natürlich nur so lange, wie die Tanten auf der Lauer lagen. Wenn die Luft rein war, flüsterten wir, flüsterten immer lauter, erzählten, erzählten immer lauter bis schließlich eine Tante angerannt kam - aber nur ganz ruhige, im Tiefschlaf versunkene Kinder vorfand. Nachmittags gab es wieder Spiele, es war für einen Jungen wie mich, der gewohnt war, draußen auf der Straße Abenteuer zu suchen, ein langweiliger Tagesablauf. Wer nicht folgte wurde bestraft. Die Langeweile, unser Alter und die Gruppendynamik führten dazu, dass wir Kinder uns Gedanken machten, die Zeit kurzweiliger zu gestalten. Eine Tante trug ein Kleid mit einem tiefen Ausschnitt, so dass wir, wenn wir mit ihr am Tisch Karten spielten, mächtig viel sehen konnten. Wir wollten aber noch mehr sehen und überlegten uns, wie wir das anstellen könnten. Da kam ein Junge bei unseren nächtlichen Flüstergesprächen auf die Idee, während der Spiele eine Spielkarte der Tante ‚aus

Versehen' vom Tisch zu schieben und auf den Boden fallen zu lassen. Den Plan fanden wir alle gut und er wurde ausgeführt. Der Junge neben der Tante schob also ‚aus Versehen' die Karte von Tisch und die Tante - und in diesem Augenblick richteten sich alle Blicke auf den Ausschnitt des Kleides - beugte sich Richtung Boden. Einige Jungs standen sogar auf, um möglichst viel sehen zu können, andere rückten ihr regelrecht auf die Pelle und taten so, als ob sie der Tante beim Aufheben der Karte zuvorkommen wollten, mit dem Kopf schon halb im Ausschnitt. Die Titten der Tante waren lange Zeit unser Gesprächsstoff während der Schlafenszeiten und von Unterhaltung zu Unterhaltung wurden die Dinger immer größer und die Sicht in den Ausschnitt immer tiefer. Bis zum Bauchnabel hätte er sehen können, behauptete ein Junge. Wir probierten unseren Zeitvertreib mehrmals aus. Aber nach einigen gelungenen Manövern muss wohl die Tante unser hintertriebenes Spiel durchschaut haben, denn von da an trug sie nur noch züchtige Kleider und dann fielen seltsamerweise auch keine Karten mehr vom Tisch. Alle paar Tage besuchten das Erholungsheim ‚Herren von der Stadt', wie uns die Tanten erzählten. Und wie zufällig, kamen diese Herren immer zur Mittagszeit. Da aßen sich also die Beamten der Stadt auf Kosten der Kinder durchs Leben. Es störte mein Gerechtigkeitsempfinden gewaltig. Ich schrieb das sogar meinen Eltern, obwohl die Karten und Briefe, die wir verschickten, von den Tanten vorher gelesen und notfalls zensiert wurden.

Als die Zeit der ‚Erholung' vorbei war, fuhren wir wieder mit der Eisenbahn nach Oberbarmen und als mich meine Mutter am Bahnhof in Empfang nahm, war das erste, was ich ihr noch vor der Begrüßung entgegenschimpfte: Da geh' ich nie wieder hin!

Der Straßenverkehr wuchs

Auch eine andere Entwicklung zeugte vom Beginn einer neuen Zeit: Die Motorisierung setzte ganz behutsam ein. Noch war der Verkehr schwach, man konnte fast ruhigen Gewissens auf der Straße spazieren und ohne nach links oder rechts zu schauen über die Straße gehen. Aber dieses ruhige Gewissen war trügerisch, ja heimtückisch. Die Unfälle, die es gab, zeugen davon. Ein plötzliches Ausweichen auf nasser Fahrbahn oder ein übersehenes Loch in der Fahrbahn führten immer wieder zu Zusammenstößen mit anderen Verkehrsteilnehmern oder mit Einrichtungen entlang der Fahrbahn. Als ich wieder einmal im Höfen unterwegs war, sah ich schon von weitem an der Menschenansammlung und an einem auf dem Bürgersteig liegenden Motorrad, dass etwas passiert sein musste. Ein kleiner Hanomag-Lieferwagen stand quer, ebenfalls auf dem Bürgersteig. Ich lief hin und sah einen bewusstlosen Motorradfahrer, dessen Oberkörper an der Hauswand angelehnt war. Er sei von dem Hanomag mit dem Brustkorb an die Wand gedrückt worden, sagte eine Frau einer anderen. Er atmete nur schwach und irgendwann sagte ein Mann, dass er nun nicht mehr atmen würde. Ich weiß nicht, wie lange damals der Rettungsdienst brauchte, um an einer Unfallstelle zu sein. Ich konnte mich aber nicht allzu lange dort aufhalten, weil ich irgendwohin gehen und etwas besorgen musste und weiß daher nicht, was weiter mit ihm passiert ist.

Ein weiteres für mich bedrückendes Erlebnis hatte ich, als Fräulein Disselkamp mit uns zu einer Gerichtsverhandlung zum Amtsgericht in Wuppertal ging. Angeklagt war ein Autofahrer, der mit erhöhter Geschwindigkeit durch die Straßen gefahren war. Angeblich sei er mit über fünfzig Kilometern pro Stunde gefahren statt den erlaubten vierzig. Ich kann mir nicht vorstellen, wie man damals so genau die Geschwindigkeit messen konnte, vielleicht habe ich auch den Ablauf der Gerichtsverhandlung nicht ganz verstanden. Was sich mir aber sehr eingeprägt hatte, war der unverschämte Ton des Richters. Mir tat der Angeklagte sehr leid, der leise sprach und sich kaum etwas zu sagen traute, weil er ständig im barschen Tonfall ausgefragt, angeklagt, vorgeführt und wie ein Schwerverbrecher heruntergekanzelt wurde. Hier waren offensichtlich noch die Gewohnheiten der Nazi-Justiz gebräuchlich, als Angeklagte schon vor der Gerichtsverhandlung verurteilt waren.

Warum Schüler immer aus der Schule stürmen müssen, wenn sie aus ist, kann ich mir nicht erklären, genauso wenig, warum Kinder immer schreien müssen. Die Schule war wieder einmal aus und wir stürmten lärmend hinaus, als wären wir aus einem Gefängnis ausgebrochen. Wir rannten über den Bürgersteig, über die Wichlinghauser Straße. Über die Wichlinghauser Straße kam ich nicht mehr, denn ich lief genau in die Seitenwand eines vorbeifahrenden Lastwagens hinein, stürzte und fiel so unglücklich, dass mein Bein auf die Straße rutschte, mein Oberschenkel schräg zwischen der Bordsteinkante und der Straße zu liegen kam und der Lastwagen mit den Rädern seiner hinteren Achse über meinen Oberschenkel rollte. Mein Schutzengel war wieder einmal im Großeinsatz und das Unglaubliche geschah: Da der Lastwagen leer war, holperte er zwar über meinen schräg liegenden Oberschenkel, hinterließ aber an meinem Bein nur Prellungen und Blutergüsse. Der LKW-Fahrer hatte wohl einen noch größeren Schreck davongetragen als ich. Er war sehr froh, dass ich nichts gebrochen hatte, nahm mich auf die Arme, hob mich auf den Beifahrersitz und chauffierte mich nach Hause. So etwas war damals im Straßenverkehr noch ganz ohne Polizei möglich und galt als vorbildliche erste Hilfe. Der Fahrer trug mich die Treppe zu unserer Wohnung hinauf und lieferte mich Unglücksraben bei meiner Mutter ab, die wieder die Sorgenfalten aufsetzte, die ich doch vom Krankenhaus her so gut kannte. Ja, ich machte es meinen Eltern nicht leicht. Der Fahrer hinterließ seinen Namen und Adresse und verabschiedete sich. Meine Mutter legte mich ins Bett und rief den Arzt, der bald kam und meine Mutter beruhigte, weil er keine ernsthaften Verletzungen feststellen konnte, außer blauen Flecken, Schürfwunden und einem geprellten und dick angeschwollenen Oberschenkel. Ich fehlte ein paar Tage in der Schule, was mir sehr gefiel, und musste regelmäßig eine Salbe auf den Oberschenkel schmieren. Meine Eltern sahen sich in ihrer Meinung bestätigt: Den Dicken bringt nichts um. Dieses Unglück war ganz typisch für die damalige Verkehrssituation: Es gab nur wenig Verkehr. Also waren die Menschen beim Betreten der Straße nicht darauf gefasst, dass Autos queren. Neunundneunzig Mal ging es gut, ein Mal eben nicht. Damals gab es noch keine Verkehrserziehung, keine Anleitung für das Verhalten im Straßenverkehr. Es gab zu wenig Erfahrung mit dem langsam wachsenden Verkehr und zu den ersten Kandidaten, die hautnah ihre Erfahrung sammeln mussten, gehörte ich.

Nick Knatterton

Als Schüler der Klasse 3a konnte ich perfekt lesen und verstand jetzt auch, wenigstens so einigermaßen, die Inhalte von Comics. Und Ende 1950 begann eine Comic-Serie in Deutschland Geschichte zu machen: Nick Knatterton. Sie erschien jede Woche in der Quick, die für unsere Familie damals eine noch lesbare Illustrierte war. Der Held, Nick Knatterton, war ein Meisterdetektiv, Sports- und Gentleman, Beschützer der Verfolgten, Verfolger alles Bösen, Freund alles Schönen, auch der weiblichen Rundungen. Er kombinierte wie Einstein, hatte stahlharte Muskeln und ein weiches Herz. Letzteres brachte ihn immer wieder bei seinen Ermittlungen in scheinbar aussichtslose Situationen, die er aber immer mit vielen Tricks und moderner Ausstattung meisterte. Er war gewissermaßen der Vorläufer von James Bond, denn er benutzte Waffen, die an den britischen Geheimagenten erinnern: Regenschirme, mit denen man schießen konnte oder einen Bart, unter dem sich ein Fallschirm versteckte. Wie James Bond besaß auch er eine Requisitenkammer, die alles Wichtige für seine Streifzüge durch die Unterwelt besaß. Das Studium der Nick-Knatterton-Geschichten ist auch aus heutiger Sicht sehr aufschlussreich, denn die Geschichten spielten in den Nachkriegsjahren und das Umfeld war das Nachkriegsdeutschland. Wer die Waschküchen von damals nicht kennt, muss nur die Kampfszenen zwischen Nick Knatterton und Nackie Nutt in der Waschküche von Virginia Pengs Mutter verfolgen. Waschkessel, Wäschekorb, Wäscheleine mit Büstenhalter, Höschen und Strümpfen und der Wassereimer bildeten ausreichend Kulisse für gewaltsame Auseinandersetzungen, und die knappen und ulkigen Texte versetzten den Leser dauerhaft ins Schmunzeln: ‚schwarzer Büstenhalter hemmt Lauf der Gerechtigkeit', oder: Nicks Kopf ist fast so hart im Nehmen wie sein zuständiges Finanzamt.' Nick Knatterton war ein größerer Held als Prinz Eisenherz, der für mich immer bedeutungsloser wurde. Zudem löste Nick die kniffligsten Kriminalfälle und das mit lustigen, nie ernstgemeinten Methoden in nie ernst gemeinten Szenen. Nick zu lesen, war ähnlich dem Karneval eine Quelle des Frohsinns, die man dankbar annahm. Vielleicht war gerade dieser Humor der Grund für den Nick-Knatterton-Tsunami, der sogar ins Ausland überschwappte.

Der Waschtag

Einmal im Monat war bei uns Waschtag. Waschtag bedeutete für unsere Mutter einen Tag lang Schwerstarbeit. Am Waschtag konnte sie sich auch nicht um uns Kinder kümmern, sondern wir Kinder kümmerten uns um unsere Mutter und halfen ihr, wenn wir nicht in der Schule waren, in der Waschküche, die es in jedem Haus damals im Kellergeschoss gab. Am Tag vorher kochte meine Mutter einen Eintopf. Es gab am Waschtag immer Eintopf, zum Beispiel Schnippelbohnen-Eintopf, mit würzigen Wursteinlagen. Den konnte meine Mutter nach dem Kochen einfach stehen lassen. Am Waschtag selbst wurde er wieder aufgewärmt und schmeckte fantastisch. Das war aber auch das einzige, worauf ich mich am Waschtag freute. In der Waschküche stand der Waschkessel, ein großer Kupferkessel über einem Ofen, ein großes gemauertes und mit Zementmörtel verputztes Bassin, eine Wringmaschine, ein Waschbrett, Wassereimer, ein langer Holzknüppel und natürlich der rechteckige große Korb und kleinere Wäschekörbe. Außer Eintopfkochen musste am Vortag noch die Weißwäsche im Waschkessel eingeweicht werden. Früh morgens am Waschtag wurde der Ofen angeheizt und es dauerte viel Zeit, bis das Wasser mit dem Waschpulver zu kochen anfing. Während das Feuer im Ofen das Wasser erhitzte, rubbelte meine Mutter die besonders verschmutzte Wäsche Stück für Stück auf dem Waschbrett und warf sie zurück in die kochende Waschlauge. Das war schwere Arbeit. An drei Sorten Waschpulver kann ich mich erinnern: Persil, aber auch Henko und natürlich Luhns, das in Oberbarmen, in der Schwarzbach, hergestellt wurde. Mittlerweile stand meine Mutter mit ihrer Waschschürze in einem Dampfbad. Wenn die Wäsche lange genug gekocht war, angelte meine Mutter die Wäsche mit dem großen Knüppel aus der kochenden Brühe heraus und legte sie in das Wasserbassin, wo die Wäsche gespült wurde. Von dort kam sie in die Wringmaschine. Das war eine Maschine mit zwei Walzen, die einen Gummiüberzug hatten und mit Federn aneinander gepresst und mit Zahnrädern miteinander verbunden waren. Eine Walze wurde mit einer Kurbel angetrieben, die wir Kinder mit großem Kraftaufwand drehten, während unsere Mutter mit einem Stock - damit nicht ihre Finger in die Wringmaschine gerieten - die Wäschestücke zwischen die Walzen klemmte. Um diese Arbeit konnten wir Kinder uns nicht drücken; denn an der Wringmaschine standen immer zwei Menschen, der eine führte mit dem Stock die Wäsche zwischen die Walzen, der andere musste die Kurbel drehen. Die ausgewrungene Wäsche kam in den großen Korb, wo sie darauf wartete von unserer Mutter und einem von uns Kindern auf den Trockenplatz des Hinterhofes getragen und dort mit Holzklammern aufgehängt zu werden. Wenn die Weißwäsche gekocht war, ließ meine Mutter das Feuer ausgehen und in das nicht mehr kochende Wasser kam dann die Buntwäsche, die auch schon vorher in Eimern eingeweicht worden war. So ein Waschtag der nur vom Mittagessen mit den herrlichen Schnippelbohnen unterbrochen wurde, dauerte tatsächlich einen ganzen, vollen Tag. Abends fiel meine Mutter völlig erschöpft zuerst auf den Stuhl und dann nach dem Abendbrot ins Bett. Auch wir Kinder waren froh, wenn dieser Tag vorüber war, denn unsere Mutter, die den ganzen Tag im Wasserdampf stehend wie ein Stahlkocher hart arbeitete, hatte verständlicherweise für andere Themen als Waschen kein Ohr. Aber damit war zwar der Waschtag zu Ende gegangen, aber die Wäsche noch nicht endgültig versorgt! Nach dem Trocknen wurde sie abgenommen und die großen Wäschestücke wie Tischtücher oder Bettwäsche wurden gestreckt, das heißt, meine Mutter und einer von uns beiden Brüdern nahmen je zwei Ecken des Tuches in die Hand, rafften das Tuch mit beiden Händen zusammen und zogen das Tuch gleichzeitig, rhythmisch in die Länge. Dann schlugen wir es ebenfalls im Gleichklang in die Luft nach oben, falteten es gemeinsam zusammen und legten das Wäschestück in den Korb. Wenn auch diese Arbeit beendet war, waren wir Kinder erlöst und meine Mutter begann die Wäsche zu bügeln. Auch diese Arbeit verlangte viel Zeit, es hatte sich ja die Wäsche von vier Wochen angesammelt. Es ist verständlich, dass man damals die Wäsche nicht so oft wechseln konnte wie heute.

1951

Frohsinn: Wer soll das bezahlen?

Deutschland hatte trotz der schleiten Tieden das Lachen nicht verloren. Karnevalsveranstaltungen waren inmitten der Not Inseln des Frohsinns. Die Menschen lachten, um mit dem Wahnsinn ringsum fertig zu werden. Besonders im Rheinland tobte jedes Jahr der Karneval und gerade damals entstanden die größten Gassenhauer, die jedes Jahr und bis heute gesungen werden. 1948: ‚Wir sind die Eingeborenen von Trizonesien', eine versteckte Kritik an den Besatzungsmächten, die offenbar nicht nur als Befreier, sondern als eine Art Kolonisatoren empfunden wurden. 1949: ‚Wer soll das bezahlen?', von dem berühmten Jupp Schmitz gesungen. Es war eine Anspielung auf die durch die Währungsreform ausgelösten Preissteigerungen. 1951: ‚Schütt die Sorgen in ein Gläschen Wein' und ‚Der schönste Platz ist immer an der Theke', Kommentar überflüssig, von dem ebenfalls berühmten Willy Schneider gesungen und 1952: Heile, heile Gänsje, das beliebteste Karnevalslied überhaupt, vom noch berühmteren Ernst Neger gesungen. Sein Lied war ursprünglich ein Kinderreim, der kleinen Kindern bei einem Schmerz Trost bringen sollte und der in der Fassung von Ernst Neger um zwei Strophen über das völlig zerstörte Mainz ergänzt wurde. Mit Tränen in den Augen sangen es die Mainzer auf ihren Karnevalssitzungen. Und sie singen es bis heute. Schmerzenstränen und Freudentränen rannen dicht nacheinander. Der Lebenswille siegte und drückte sich in fast grenzenloser Heiterkeit in der Karnevalszeit aus. Selbst wir Kinder gröhlten diese Lieder mit, vor allem das Lied: ‚Wer soll das bezahlen.' Man hörte dieses Lied in allen Kneipen, bei allen Festen, auf der Straße und später dann auch außerhalb der Karnevalszeit, denn einen Grund, dieses Lied zu singen, fand sich immer.

Eine Quelle des Frohsinns waren auch nach wie vor die Verwandtenbesuche. Jeder Geburtstag von Omas Geschwistern wurde gefeiert. Die ganze Verwandtschaft rückte zu Kaffee und Kuchen an. Nachdem die Zeiten besser geworden waren, wurden auch die Geburtstage mit besseren Zutaten gefeiert. Dann stellten die Tanten die Dröppelmina und die Esswaren auf den Tisch, wo sich Kuchen und Leberwurst nicht bissen, Süßes, Saures und Herzhaftes die vierte Mahlzeit am Nachmittag bis zum Abend prägten und wo ich aus dem Staunen über das, was es so alles zu Essen gibt, nicht herauskam. Neben der Feierei waren diese Treffen natürlich auch Möglichkeiten, Erfahrungen über alle Themen des täglichen Lebens auszutauschen, was damals sehr wichtig war. Zum Schluss gab es immer einen Schnaps für die Erwachsenen. Und manchmal blieb es nicht bei einem Schnaps und auch nicht bei zwei Schnäpsen und auch nicht bei drei ...

Spannungen in der Schule

Im März 1951 wurde ich also mit dem Hinweis im Zeugnis, dass ich ein böser Schüler sei, in die Klasse 4a versetzt. Der Notenspiegel war dürftig und Fräulein Disselkamp verstand es auch nicht, mich zu motivieren. In meinem Schulheft waren Hausarbeiten mit einem Rotstift fett durchgestrichen und mit tadelnden Vermerken versehen, wie: ‚Warum wird nicht zu Ende gearbeitet. Peter hat die drei Beispiele wahrscheinlich nicht begriffen‘, oder: ‚Nicht aufgepaßt‘. Ich war froh, wenn ich das Schulgebäude verlassen und auf die Straße gehen konnte. Wir waren eine Gruppe von Klassenkameraden und Klassenkameradinnen, die nach der Schule häufig zu den Grauwackesandsteinfelsen in der Breslauer Straße ging und dort in den Felsen herumkletterte. Wir verbrachten dort aber auch die Zeit mit kallen, comiclesen und Pläne schmieden. Bei diesem Geplauder stellte ich fest, dass auch bei meinen Klassenkameraden und Klassenkameradinnen der Stern von Fräulein Disselkamp gesunken war. Aber auch bei unserer Lehrerin selbst schwand die Zuneigung zu ihren Schülern, was sie sogar für alle Zeiten bildlich dokumentieren ließ. Auf unserem Klassenfoto von der vierten Klasse, das von einem Berufsfotografen angefertigt wurde, weigerte sie sich mit ins Bild zu treten. Mit solch einer Klasse wolle sie sich nicht ablichten lassen, meinte sie. Ich weiß noch, wie der Fotograf, der mehrmals versucht hatte sie umzustimmen, für dieses Verhalten kein Verständnis aufbrachte und mit dem Kopf schüttelte. Wir waren natürlich älter und selbstbewusster geworden und gehorchten nicht mehr automatisch, sondern widersprachen nach der Erstkommunion nicht nur dem Teufel, sondern ab und zu auch Fräulein Disselkamp und wehrten uns, wenn wir anderer Meinung waren. Auch zwischen uns Schülern gab es häufiger Spannungen. Beim Verlassen des Schulgebäudes spottete ein Klassenkamerad hinter mir her und versuchte mir auch noch ein Bein zu stellen. Als wir auf dem Bürgersteig ankamen, begann das übliche Ritual: Ich blieb stehen und warf meinen Schulranzen ab, was unmissverständlich bedeutete, dass Nick Knatterton nun für Gerechtigkeit sorgen musste. Dem Klassenkameraden blieb ebenfalls nichts anderes übrig, als das Gleiche zu tun, wollte er nicht als Feigling in die Klassengeschichte eingehen. Die übrigen Schüler meiner Klasse und auch anderer Klassen, die ebenfalls gerade aus dem Schulhaus stürmten, verstanden sofort, was sich auf dem Bürgersteig abzuspielen drohte und bildeten einen Kreis um uns herum. Auch meinen Bruder und einige seiner Klassenkameraden sichtete ich, was mir weiteren Auftrieb verschaffte, eine gute Figur abzugeben. Die Rangelei begann unter dem Gejohle der Zuschauer. Mein Klassenkamerad wollte mich zu Boden ringen, denn wer unten lag, hatte verloren. Dann war auch der Kampf zu Ende. Ein Nachtreten hätte es nie gegeben und wäre als Zeichen eines miesen Charakters gewertet worden. Ich aber suchte mein Heil im Boxkampf und so schlug ich ihm einen Haken ins Gesicht, der ihn sofort zu Boden warf. Die Zuschauer, die mich mit Geschrei unterstützt hatten, jubelten. Ich hob meinen Ranzen wieder auf, schulterte ihn und verließ den Ring als stolzer Sieger. Diese Lektion verschaffte mir für immer Ruhe vor diesem Flegel.

Die Rheinwanderung

Für die Sommerferien 1951 hatten sich meine Eltern einen phantastischen Plan ausgedacht: Sie wollten mit uns eine Rheinwanderung von Koblenz bis Bingen machen. Mein Vater, der aus Sachsen stammte, kannte den Rhein noch nicht und wollte ihn, aber auch seinen Wein, kennenlernen. Meine Eltern planten eine Wanderung von Jugendherberge zu Jugendherberge. Mein Bruder und ich besaßen das Wichtigste bereits: Schuhe, mit denen man auch wandern konnte und eine Lederhose. Was wir für den Regen dabei hatten, weiß ich nicht mehr; ich kann mich aber auch an keinen Regen erinnern. Als uns Fräulein Disselkamp in die Ferien schickte, packte unsere Familie die Rucksäcke und die Stullen für den Anreisetag und dann ging es los. Wir liefen zum Bahnhof und fuhren mit dem Zug nach Koblenz. Eine gute Stunde brauchten wir mit dem Eilzug bis Köln und von dort mit dem Eilzug eineinhalb Stunden bis Koblenz, wo wir um die Mittagszeit ankamen. Wir liefen über die Behelfsbrücke der von den Deutschen 1945 zerstörten Pfaffendorfer Brücke auf das andere Rheinufer hinüber und stiegen zur zweitgrößten Festung in Europa, zur Festung Ehrenbreitstein hinauf, wo wir uns in der Jugendherberge anmeldeten. Für den Rest des Tages besichtigten wir die Festung, soweit das möglich war, denn auf der Festung waren Koblenzer Familien eingezogen, die aus ihrer Evakuierung von Thüringen zurückgekehrt und deren Wohnungen in Koblenz zerstört waren. Von der Festung aus hatten wir eine wunderbare Sicht auf die Stadt Koblenz, die im Begriff war, die Kriegsschäden zu reparieren, auf das Deutsche Eck und den Rhein und die Mosel. In der Jugendherberge bekamen wir einen Herbergsausweis, der in jeder Jugendherberge abgestempelt wurde. Immerhin waren wir nicht die einzigen Wanderer unterwegs. Der Wandertourismus hatte sich bereits wieder in Deutschland etabliert und die Andenkenbüdchen standen von Koblenz bis Bingen Spalier. Und genau die waren es, die meine Aufmerksamkeit auf sich zogen. Meine Eltern kauften uns grüne Käppchen und mit diesen auf dem Kopf zogen wir also durch das Rheintal. Heute würden sich die Jungs sicher weigern, wenn sie mit so einem Ding herumlaufen müssten, aber damals waren sie große Mode. Wir waren deshalb stolz auf diese grünen Käppchen, weil man sich in jedem Ort am Rhein eine Plakette kaufen konnte, die man sich dann mit einem Sicherheitsnadelverschluss an das Käppchen steckte. Auf diesen Plaketten waren der Ort oder die Burg oder sonst eine Sehenswürdigkeit abgebildet und sie waren teilweise sogar emailliert. Mein Vater kaufte sich einen Gehstock mit rundgebogenem Handgriff, auf den er Stocknägel befestigte, die es ebenfalls an diesen Andenkenbüdchen zu kaufen gab und die gleichen Sehenswürdigkeiten dokumentierten wie unsere Plaketten an den Käppchen.

Unser Wanderprogramm umfasste dreiundsechzig Rheinkilometer, die wir auch weitgehend dem Strom entlang abliefen. Wir waren eine Woche unterwegs, im Durchschnitt also nicht mehr als etwa zehn Kilometer am Tag. Wir brauchten ja auch Zeit für die Burgbesichtigungen, die Spaziergänge durch die Orte, das Studium der Andenkenbüdchen und die Zeit, die mein Vater brauchte, um in jedem Ort die Weine zu verkosten. Eigentlich gab es nur lieblichen Riesling, aber der schmeckte anscheinend von Ort zu Ort verschieden. Unser „Reiseführer" war eine kleine Faltkarte „Relief-Panorama des Rheins von Mainz bis Köln". Es nannte sich „Vogelaugengemälde", das die Orte am Rhein und die Sehenswürdigleiten darstellte. Burgen kannte ich seither nur vom Hörensagen oder aus den Prinz-Eisenherz-Heften. Nun erlebte ich sie live. Wir liefen auf der rechten Rheinseite, überquerten die Lahn und stiegen hinauf auf die Burg Lahneck, die aus dem dreizehnten Jahrhundert stammt. Als eine noch prächtigere Burg erschien uns die Marksburg, eine der stolzesten Burgen am Rhein, wie wir erfuhren und die nie zerstört wurde. Südlich der großen Rheinschleife bei Boppard folgten die beiden Burgen Ruine Sterrenberg und Ruine Liebenstein, auch als die Feindlichen Brüder bekannt. Der Name rührt von einer Sage her, die man sich hier erzählt hat, obwohl die Historiker meinen, dass zwischen beiden Burgen nie eine

Auseinandersetzung stattgefunden hatte. Aber die Geschichten um die Burgen begeisterten mich als Verehrer von Prinz Eisenherz und ich träumte wieder meine Heldenträume. Es folgten Burg Maus und Burg Katz, die oft mit der gegenüberliegenden Burg Rheinfels in Fehde gelegen waren. In St. Goarshausen haben wir im Rhein gebadet, es war drückend heiß und der Rhein hier, zumindest optisch, noch sauber. Unsere Käppchen waren mittlerweile mit vielen Andenkenplaketten dekoriert und der Wanderstock meines Vaters mit Stocknägeln bepflastert. Dann erreichten wir die Loreley und wieder hörten wir von einer schönen Geschichte um die sich kämmende Frau hoch oben auf dem Felsen und sangen das Loreleylied. Wir bewunderten die Burg Pfalzgrafenstein, die mitten im Rhein steht und früher einmal dem Zoll diente. In der Jugendherberge Ruine Stahleck oberhalb von Bacharach drückte mir die Herbergsmutter einen Besen in die Hand, mit dem ich den Hof kehren musste. Damals halfen die Herbergsgäste beim Abwasch und Reinemachen aus. Von der Ruine Stahleck blickten wir auf den Ort Lorch. Mein Vater erzählte uns, dass es nach dem ersten Weltkrieg genau wie bei uns in Schlettau im Erzgebirge nach dem letzten Krieg die Republik ‚Schwarzenberg‘, hier ein selbständiges Land, nämlich den „Freistaat Flaschenhals" mit den Städten Caub und Lorch gegeben habe, weil sich die Alliierten bei der Besetzung vertan hatten. Vier Jahre habe dieses Land existiert. Ich fand den Namen ‚Flaschenhals‘ lustig. Mein Vater sagte, er käme daher, weil das Land wie ein Flaschenhals ausgesehen habe. Die Menschen waren damals zwar freie Bürger aber in großer Not, weil sie von der Versorgung und von den Verkehrswegen ringsherum abgeschnitten waren. Sie druckten eigenes Geld, bunte Scheine mit lustigen Texten, und lebten vom Schmuggel. Wir gelangten auf die andere Rheinseite nach Assmannshausen, stiegen zum Niederwald-Denkmal hinauf und wanderten weiter nach Rüdesheim, wo mein Vater die legendäre Drosselgasse aufsuchte. Dort genoss er zum letzten Mal auf unserer Wanderung den Rheinwein und zwar so intensiv, dass wir zwingend noch einmal übernachten mussten, ehe wir von Bingen aus mit dem Zug wieder nach Oberbarmen fahren konnten.

1952

Papa ging zur Bahn

Beruflich ging es meinem Vater beim ‚Blauen‘ ganz gut. Sein Gehalt sicherte ein gutes Auskommen und schließlich bot der Blaue meinem Vater sogar an, Teilhaber in der Firma zu werden. Zwei Dinge sprachen aus Sicht meiner ELtern dagegen: Erstens schien der ‚Blaue‘ ein Typ zu sein, der schneller sein Geld ausgab, als er es verdienen konnte. Er hatte ja meinen Vater als die solide Säule im Geschäft und meine Mutter meinte: Du machst als Teilhaber das Geschäft und der Blaue sich ein schönes Leben. Zweitens war mein Vater vor und im Krieg mit Begeisterung Eisenbahner gewesen und das steckte immer noch tief in ihm drin. Als er nun vor dieser wichtigen Entscheidung stand, erkundigte er sich bei der Deutschen Bundesbahn, ob sie für ihn eine Verwendung hätten. Natürlich hatten sie für meinen Vater eine Verwendung, denn die im Krieg völlig zerstörte Eisenbahn musste wieder aufgebaut und der Nachfrage entsprechend aufgerüstet werden. Da waren Bauingenieure gesucht. Mein Vater fackelte nicht lange und sagte dem Blauen Adieu. Am 1. April 1952 fing er bei der Bundesbahndirektion Wuppertal an und blieb dort bis zu seiner Pensionierung. Sein Nachfolger beim ‚Blauen‘ besuchte ihn noch oft und ließ sich von Papa über laufende Bauprojekte informieren und beraten. Aber es half alles nichts: Nach einem halben Jahr war der ‚Blaue‘ pleite - und das in einer Zeit, wo immer und überall gebaut wurde.

Auf dem Gymnasium

Im Februar 1952 bekam ich von der Volksschule mein ‚Abgangszeugnis‘, denn ich sollte nach dem Willen meiner Eltern auf das Carl-Duisberg-Gymnasium wechseln, das auch mein Bruder bereits besuchte. Das Zeugnis, das mir Fräulein Disselkamp aushändigte, war ein reines Gefälligkeitszeugnis. Plötzlich hatte ich gute Noten bekommen. Ich vermute heute, dass dies meinen Eltern durchaus bewusst war, aber es war ihnen wohl recht. Man würde dann weitersehen. Genau so kam es: Ich wurde aufgrund der Noten zur Aufnahmeprüfung zugelassen, bestand die Prüfung und Fräulein Disselkamp war mich endlich los. Das Gymnasium schlug sich ab April mit einem blockierten Schüler herum, der weder Erdkunde, noch Deutsch, noch Latein verstand, noch an der Tafel erklären konnte, was ein Maßstab 1:50 000 auf einer Landkarte bedeutet. Ich bekam von meinen Eltern zur Einschulung als Motivationsschub einen Montblanc-Füllfederhalter und einen Montblanc-Druckbleistift geschenkt, dazu das passende Ledermäppchen. Über dieses Geschenk hatte ich mich wie ein Schneekönig gefreut und bis heute benutze ich dieses Qualitätswerkzeug, das mittlerweile schon zu einer Antiquität geworden ist, für jeden persönlichen Brief. Aber auch dieses wunderschöne Geschenk verhalf mir nicht zu besseren Leistungen auf dem Gymnasium. Im Juli bekam ich ein vernichtendes Zwischenzeugnis. Ich hatte fast nur mangelhafte und ausreichende Noten bekommen, nur in Religion und Ordnung ‚befriedigend‘, in Beteiligung am Unterricht ‚befriedigend, oft abgelenkt‘. Unter Bemerkungen steht: ‚Die endgültige Aufnahme ist gefährdet.‘ Ich machte meinen Eltern wieder Sorgen.

Schinkenhäger

In Wuppertal war kräftig aufgeräumt worden. Fast alle bau-
fälligen Ruinen waren weggeräumt worden und man begann
die Baulücken mit Neubauten zu schließen. Unser Nachbar im
zweiten Stock unseres Wohnhauses war ein Kunstmaler und
die hatten damals eine einträgliche Beschäftigung. An allen
Kinos in jenen Jahren spannten sich große Plakate, die von
Kunstmalern für jeden Film, der in ein Kino kam, gemalt wurden. Nun bekam unser Nachbar, der Kunstmaler vom Höfen 37,
den Auftrag, auf der nun frei geräumten Giebelseite unseres
Wohnhauses zur Stadt hin ein großes Werbebild zu malen: eine
Schinkenhägerflasche, die berühmte braune Steinzeugflasche,
auch ‚Kruke' oder ‚Betonbuddel' genannt, und einen saftigen
Schinken daneben. Die Giebelwand wurde eingerüstet, verputzt
und weiß gestrichen und unser Nachbar stand einige Wochen
auf dem Gerüst und malte. Und alle Menschen aus dem Höfen
bewunderten seine handwerklichen Fähigkeiten. Auch ich. Das
Eigenartige ist, dass ich die Buddel nur so ungefähr in Erinnerung habe, dagegen den Schinken messerscharf. Der hatte
mich beeindruckt. Schnaps interessierte mich nicht, über ihn
brauchte ich keinen Gedanken verschwenden, aber über den
Schinken wohl. Den hätte ich gerne auf dem Teller gehabt.
Das Bild war zugleich das Sinnbild einer neuen Zeit, die her-
einbrach: die Zeit des deutschen Wirtschaftswunders kündete
sich langsam an. Man konnte sich wieder etwas leisten, auch
einen Steinhäger mit Schinken, wenn man das wollte. Mein
Vater leistete sich Zigaretten, aber meine Mutter kaufte weder
Schinken noch Schinkenhäger, sondern legte das überzählige
Geld auf die hohe Kante, damit wir uns alle einen Urlaub leis-
ten konnten.

Urlaub am Bodensee und Abschied von Oberbarmen

Gleich im August packten meine Eltern die Koffer und fuhren mit uns zum ersten Mal in einen richtigen Badeurlaub, nach Wasserburg am Bodensee. Dieser Urlaub war ein unvergessliches Ereignis. Auf der Halbinsel besaß die Sozialeinrichtung der Bahn eine Ferienheim für Eisenbahnerfamilien und wir genossen dort das schöne Wetter, das saubere Bodenseewasser und unser Strandleben. Sich gleich zu Anfang einen Sonnenbrand einzuhandeln, war damals ganz normal. Als ‚Sonnenschutzmittel' nahm man meistens Nussöl, das einen Sonnenbrand aber auch nicht verhindern konnte. Man ging in jenen Zeiten noch ziemlich sorglos mit dem Thema um. Auch für meine Eltern muss der Urlaub wunderschön gewesen sein, denn meine Mutter wurde schwanger - und ich vergaß die Schule.

Im Herbst legte das Gymnasium meinen Eltern nahe, mich von der Schule zu nehmen, da meine Versetzung von der Sexta in die Quinta höchst unwahrscheinlich sei. Meine Eltern waren verunsichert, was aus mir wohl werden sollte, und meine Mutter ging mit mir zu einer Psychotherapeutin. Die machte mit mir einige Spielchen. Ich musste alles Mögliche deuten, lesen, zeichnen, beschreiben und zum Schluss empfahl sie meinen Eltern, ich solle doch nach der Schule eine Goldschmiedelehre beginnen. Ich sei ein wunderbarer Tüftler und Zeichner und könnte diese Fähigkeiten erfolgreich im Beruf eines Goldschmiedes einbringen. Ich fand den Vorschlag prima und freundete mich mit diesem Berufsbild sofort an. Ja, ich wollte Goldschmied werden, Förster war nicht mehr erstrebenswert, weil man in diesem Beruf so oft sehr früh aus dem Bett und in den Wald gehen musste. Als mein Vater am Abend von der Arbeit heimkam, erzählte meine Mutter von unserem Plausch mit der Psychologin und sagte zu meinem Entsetzen: Goldschmied kommt nicht in Frage. Ich weiß, dass aus dem Dicken noch was wird. Ich war enttäuscht.

Also schickten mich meine Eltern nach dem Abschied vom Gymnasium nicht in die Volksschule zurück, sondern auf eine Privatschule und nach einem weiteren halben Jahr auf eine Staatliche Realschule. Unsere Schwester wurde geboren, wir zogen 1953 nach Hagen in Westfalen, 1954 dann nach Leverkusen und ich musste bis zur Mittleren Reife viermal die Realschulklasse wechseln, was mir das Lernen nicht gerade erleichterte. Aber meine Mutter gab ihr Letztes, um mich Träumer bis zur Pubertät durch die Schulen zu schleusen, bis sich mit Hilfe meines Klassenlehrers Jakob Berghs in der fünften Klasse der Realschule am Stadtpark in Leverkusen endlich die Blockade im Gehirn löste und sich die Welt für mich öffnete. Ich begann von da an alles an Wissen nachzuholen, was ich bis dahin versäumt hatte.

Dank

Ohne die Hilfe meiner Mutter und meines Bruders hätte ich alleine meine Kindheitserlebnisse wohl nicht in chronologisch richtiger Reihenfolge und mit der richtigen örtlichen Zuordnung beschreiben können. Bei den Gesprächen mit meiner Mutter spürte ich oft sehr stark, dass sie vieles ganz anders betrachtete als ich es damals erlebt hatte. Leider verstarb sie in der Zeit meiner Recherchen im stolzen Alter von fast einhundert und drei Jahren, ohne Leiden und mit klarem Verstand. Mein Bruder Helfried und ich haben uns mit unseren Erinnerungen gegenseitig wieder ‚auf die Sprünge' geholfen. Viele Dinge, die mir entfallen waren, hat er noch in Erinnerung und umgekehrt. Meine Frau Ilse hat mit ihrem Röntgenblick für Fehler im Umgang mit der deutschen Sprache meine Texte salonfähig gemacht. Sie leistete wie immer eine fantastische Lektorenarbeit.

Ich habe nur rund fünf Jahre lang in Wuppertral-Oberbarmen gewohnt. Ich sprach damals Platt, wie alle Kinder. Dennoch hatten sich im Laufe der Zeit viele Ausdrücke verflüchtigt, die ich dank Internet wieder in mein Bewusstsein zurückholen konnte. Interessant ist, dass mir auch viele Redewendungen wieder einfielen, nachdem ich mich mit dem Oberbarmer Platt wieder beschäftigt hatte. Dennoch war ich froh, dass sich Herr Hans-Erich Richling, ehemaliger 1. Vorsitzender des Bürgerforums Oberbarmen, die Mühe machte, die Oberbarmer sprachlichen und geografischen Gegebenheiten meiner Erinnerungen unter die Lupe zu nehmen. Er ermunterte mich „Mut zur Lücke" zu haben, denn gerade im Dialekt könne man auch alles „öwerdriewen". Um nicht in den Ruf zu kommen, dat dä Pitter een besongersch Pingelingen iss, habe ich Abstand davon genommen, das Platt, das eh fast keiner mehr spricht, bis zur Unanfechtbarkeit auszuarbeiten.

Sehr schwierig war es, die Örtlichkeit des Barackenlagers zu bestimmen, da in den zurückliegenden Jahrzehnten die Straßen zwischen Wuppertal und Lüttringhausen neu- oder umgebaut worden sind. Im Archiv der Stadt Wuppertal konnte ich keine Unterlage finden, die mir den Weg ins Barackenlager gewiesen hätte. Aber dem Archiv der Stadt habe ich es zu verdanken, einen Einblick in einen Stadtplan von 1948 werfen zu können und mit Genehmigung der J.H. Born GmbH Bornverlag Wuppertal den Aktionsradius meiner Kindheit als Ausschnitt des Stadtplanes auch veröffentlichen zu können. Mit dem Hinweis eines freundlichen Menschen am Jägerhaus oberhalb von Werbsiepen und mit Hilfe von Google Street View konnte ich den Ort des Barackenlagers in Werbsiepen in den alten Stadtplan von 1948 eintragen.

Über meine schwere Krankheit, die durch das Verschlucken eines Pflaumensteins entstanden war, haben wir in der Familie wenig gesprochen. Meine Mutter sagte mir immer, dass Penicillin mein Leben gerettet hätte. Als ich aber nach der Geschichte des Penicillins forschte, stellte ich fest, dass die Jahreszahlen nicht harmonierten. Die Produktion von Penicillin begann bei den Farbenfabriken Bayer AG erst 1952. Meine Krankheit ereignete sich aber bereits 1950. Was war das also für ein Penicillin, das mir damals verabreicht wurde? Die Lösung besorgte mir die Firma Bayer AG selbst. Durch sie erfuhr ich, dass mein Leben damals wirklich am seidenen Faden hing. Wenn das Produkt Aquacillin im Jahr 1950 nur Monate später auf den Markt gekommen wäre, gäbe es diesen ‚Stöckskespitter' nicht.

Peter Schnell

Gedankenstrich
zwischen Karriere und Ruhestand

Auf dem Jakobsweg

von Stuttgart
nach Santiago de Compostela

Der Autor brach nach seiner Zurruhesetzung direkt von seinem Bürostuhl nach Santiago de Compostela auf und zog zwischen Beruf und Ruhestand einen etwa 2600 km langen und 96 Tage währenden GEDANKENSTRICH.

Peter Schnell

Ameisen
mögen
keinen
Fisch

Roman

Michael, ein Priesterseminarist, Carl, ein erfolgreicher Manager und Atheist, Stephan, ein Schreinermeister und Dagmar, eine Erzieherin in einer Kindertagesstätte begegnen sich auf dem Jakobsweg. Wenn auch die unterschiedlichen Ansichten aufeinanderprallen: Sie alle können sich dem Einfluss des langen Weges nicht entziehen.
Ein Pilgerroman

189